六 祖 壇 經
육 조 단 경

경전·조사어록 시리즈를 내면서

　귀의 삼보하옵고
불교대학을 개설, 직접 강의하면서 느꼈던 본인의 가장 큰 애로사항은 마땅한 교재의 부재였습니다.
　대부분이 한글세대인 신도님들에게 한문으로 된 경전이나 조사어록을 어떻게 하면 좀 더 효과적으로 가르칠 수 있을까 하는 고민을 해 왔습니다.
　내용 전달이란 측면에서 한글은 한글대로 중요하고, 원전의 의미 보존이란 측면에서 한문은 한문대로 중요하다고 봅니다. 이런 두가지 부분을 모두 수용하려는 의도에서 한문과 한글을 지면의 반반씩 배분하였습니다.
　따라서 한글과 한문을 바로 대조하면서 공부할 수 있도록 신경을 썼습니다. 그리고 한문의 가로쓰기를 과감하게 시도했습니다.
　아무쪼록 이 교재가 심도있게 공부하려는 학인(學人)들에게 도움 되기를 바랍니다.
　그리고 이 책이 나오기까지 애써주신 모든 분들께 깊이 감사드립니다.
　관세음보살(觀世音菩薩)

　　　　　　　　　　　　정진실에서 우학 합장

불교TV
〈無— 우학스님의 육조단경 강의〉 교재입니다.

無— 우학스님의 육조단경 강의는
다음카페 〈불교인드라망〉에서 다시 볼 수 있습니다.

● 차 례 ●

경전 · 조사어록 시리즈를 내면서 / 5
六祖法寶壇經 原序(육조법보단경 원서) / 9
六祖大師法寶壇經 略序(육조대사법보단경 약서) / 17
六祖法寶壇經(육조법보단경) / 31
第一 行由品(제일. 행유품) / 33
第二 般若品(제이. 반야품) / 75
第三 疑問品(제삼. 의문품) / 106
第四 定慧品(제사. 정혜품) / 124
第五 坐禪品(제오. 좌선품) / 135
第六 懺悔品(제육. 참회품) / 140

● 차 례 ●

第七 機緣品(제칠. 기연품) / 165

第八 頓漸品(제팔. 돈점품) / 221

第九 宣詔品(제구. 선조품) / 246

第十 付囑品(제십. 부촉품) / 255

附錄(부록) / 295

六祖大師法寶壇經 跋(육조대사법보단경 발) / 303

六祖大師法寶壇經 贊(육조대사법보단경 찬) / 313

壇經의 要約(단경의 요약) / 345

찾아보기(색인) / 351

六祖法寶壇經 原序
육조법보단경 원서

古筠比丘 德異 撰
고균비구 덕이 찬

妙道虛玄하야 不可思議니 忘言得旨하면 端可悟明하리라 故로 世尊이 分座於多子塔前하시고 拈花於靈山會上하시니 似火與火하야 以心印心이라 西傳四七하사 至菩提達磨하야 東來此土하사 直指人心하야 見性成佛케하시니 有可大師者가 首於言下에 悟入하야 末上에 三拜得髓하고 受衣紹祖하사 開闡正宗하시며

묘한 도는 비어 그윽하여, 생각으로는 헤아리지 못하는 것이니 말을 버리고 뜻을 얻어야 근본적으로 분명하게 깨달을 수 있으리라.

그러므로 세존이 다자탑 앞에서 자리를 나누시고 영산회상에서 꽃을 잡으신 것이다. 불로써 불을 줌과 같아서 마음으로써 마음을 인가하는 것이다.

서역에서 28번을 전하여 보리달마에 이르자 동으로 이 땅에 오시어 사람의 마음을 바로 가리켜 성품을 보아 부처를 이루게 하셨다.

혜가대사가 처음으로 말씀 아래에 깨닫고 마지막에 삼배하여 그 진수를 얻었으며, 가사를 받아 조사의 대

三傳而至黃梅會中하야 高僧七百에 惟負春居士가
삼전이지황매회중   고승칠백   유부용거사

一偈傳衣하야 爲六代祖하사 南遯十餘年이러시니
일게전의   위육대조   남돈십여년

一旦에 以非風旛動之機로 觸開印宗正眼하시고 居
일단   이비풍번동지기   촉개인종정안   거

士가 由是로 祝髮登壇하사 應跋陀羅懸記하사 開東
사   유시   축발등단   응발타라현기   개동

山法門하시니 韋使君이 命海禪者하야 錄其語하고 目
산법문   위사군   명해선자   녹기어   목

之曰法寶壇經이라하다
지왈법보단경

 를 이었으며, 바른 법의 종지를 열어 밝히셨고, 세 번 전하여 황매회중에 이르러서는 고승 칠 백이 있었지만 오직 부용거사가 한 게송으로 가사를 전해 받고 육대조사가 되었다.

 남으로 피신한지 십여 년이 지난 어느 날 〈바람과 깃발이 움직이는 것이 아니다.〉라는 기연으로 광주 법성사의 주지였던 인종의 바른 눈을 열어주셨다.

 이로 말미암아 거사는 머리를 깎고 법단에 올라 발타라 삼장이 미리 예언하신 바대로 동산법문을 여시니 위 사군이 법해선자로 하여금 그 말씀을 기록하게 하고 그 이름을 법보단경이라 하였다.

大師가 始於五羊하야 終至曹溪하사 說法三十七年에 霑甘露味하야 入聖超凡者가 莫記其數요 悟佛心宗하야 行解相應하야 爲大知識者가 名載傳燈하니 惟南嶽, 靑原이 執侍最久하사 盡得無巴鼻라 故로 出馬祖石頭하사 機智圓明하야 玄風大振하며 乃有臨濟, 潙仰, 曹洞, 雲門, 法眼諸公이 巍

　대사가 광주의 오양에서 시작하여 소주의 조계에 이르기까지 설법하신 지 삼십 칠 년 동안 감로의 맛에 젖어 범부를 뛰어나 성인이 된 자가 그 수를 헤아릴 수가 없고, 부처님의 마음 바탕을 깨달아서 수행과 깨달음이 하나가 되어 큰 선지식이 된 자의 이름이 전등록에 실려있는데, 오직 남악과 청원이 가장 오래 모시었고 무소득의 도리를 남김 없이 얻었다.
　그리하여 마조와 석두를 배출하였는데
기틀과 지혜가 뚜렷이 밝아서 현풍(현묘한 종풍)을 크게 떨쳤으며,
이에 임제와 위앙과 조동과 운문과 법안같이 높은 이

然而出하사 道德이 歷群하고 門庭이 險峻하야 啓迪
연이출   도덕   역군   문정   험준   계적
英靈衲子하야 奮志衝關하야 一門深入에 五派同源
영령납자   분지충관   일문심입   오파동원
이라 歷遍爐錘하야 規模가 廣大하니 原其五家綱要컨대
    역편로추   규모 광대   원기오가강요

盡出壇經이라
진출단경

夫壇經者는 言簡義豊하며 理明事備하야 具足諸佛
부단경자 언간의풍   이명사비   구족제불
無量法門하야 一一法門에 具足無量妙義하고 一一
무량법문   일일법문   구족무량묘의   일일

들이 드높게 출현하셨는데 도덕이 뛰어나고 문호가 험준하여 영특하고 신령한 납자(누더기를 입은 스님)들을 가르쳐 인도하니 뜻을 크게 일으켜 조사관문을 뚫고 한 문에 깊이 들었다.

 다섯 문 파의 근원이 같은지라 두루 겪으며 다듬고 수도하는 규모가 크고 넓지만 그 다섯 문 파의 중요한 요점을 근원적으로 찾아보면 모두 다 육조단경에서 나온 것이다.

 무릇 단경은 말은 간략하지만 뜻이 풍부하며 이치가 명백하고 사(事)가 갖추어져 있어 모든 부처님의 한량없는 법문을 모두 갖추었고 하나 하나의 법문에 한량

妙義에 發揮諸佛無量妙理하시니 卽彌勒樓閣中이며
묘의 발휘제불무량묘리   즉미륵누각중

卽普賢毛孔中이라
즉보현모공중

善入者는 卽同善財하야 於一念間에 圓滿功德하야
선입자 즉동선재   어일념간   원만공덕

與普賢等하며 與諸佛等하리라
여보현등   여제불등

惜乎라 壇經이 爲後人의 節略이 太多하야 不見六
석호   단경   위후인   절략   태다   불견육

祖의 大全之旨일새 德異가 幼年에 嘗見古本하고 自
조   대전지지   덕이   유년   상견고본   자

　없이 묘한 뜻을 두루 갖추었으며, 하나 하나의 묘한 뜻에 모든 부처님의 한량없는 묘한 이치를 훌륭하게 나타내시니 이는 곧 미륵부처님의 누각이고 보현보살의 털구멍이다.

　잘 들어가는 자는 선재동자와 같이 일념 사이에 공덕을 원만히 하여 보현과 같으며 모든 부처님들과 같으리라.

　애석하도다.

　단경을 훗날 사람들이 너무 많이 줄여서 육조의 크고 온전한 뜻을 보지 못하는구나.

　내가 어린 시절에 일찍이 고본을 본 뒤로 30여 년을

後로 遍求가 三十餘載러니 近得通上人의 尋到全
文하야 遂刊於吳中休休禪庵하야 與諸勝士로 同一
受用케하노니 惟願開卷擧目에 直入大圓覺海하야
續佛祖慧命無窮이니 斯余志願이 滿矣로다
至元二十七年庚寅歲 中春日에 叙하노라

두루 구했는데 근래에 통스님이 그 전문을 찾아왔기에 드디어 오중(吳中)의 휴휴선암에서 발간하여 모든 승사(계를 잘 지키는 이의 존칭)와 함께 수용하게 되었으니 오직 원컨대 책을 열어 한번 보면 바로 대원각해(사람의 본성을 바다에 비유하는 것)에 들어서 불조의 혜명(심인)을 이어 다함이 없기를 바라며 이것을 나의 원과 뜻이 만족하는 것으로 삼겠다.

지원 27년 경인년 중춘일에 쓰다.

六祖大師法寶壇經 略序
육조대사법보단경 약서

門人 法海 撰
문인법해찬

大師의 名은 惠能이라
父는 盧氏니 諱는 行瑫요 母는 李氏라 誕師於唐貞
觀十二年戊戌 二月八日子時하다
時에 毫光이 騰空하고 異香이 滿室이러니 黎明에 有
二異僧이 造謁하고 謂師之父曰夜來生兒를 專爲
安名호대 可上惠下能也니라

　　대사의 이름은 혜능이다.

　　아버지는 노씨로서 휘는 행도이고 어머니는 이씨이다.

　　대사는 당나라 정관 12년 무술년 2월 8일 자시에 태어나셨는데,

그때에 백호의 광명이 허공에 떠오르고 기이한 향기가 방에 가득하였다.

　　새벽녘에 범상치 않은 두 스님이 찾아와서 대사의 아버지에게 말하기를

　　"밤에 태어난 아이의 이름을 어떻게 짓는가하면 위에 자는 혜로, 아래 자는 능으로 하십시오." 하였다.

父曰何名惠能이니고 僧이 曰惠者는 以法으로 惠施
衆生이요
能者는 能作佛事니라 言畢而出하야 不知所之니라
師不飮乳는하고 遇夜에 神人이 灌以甘露하니라 旣長
하야 年이 二十有四에 聞經悟道하고 往黃梅하야 求
印可한대 五祖가 器之하사 付衣法하야 令嗣祖位하시니

아버지가 "어찌하여 혜능이라 합니까?"라고 물으니 스님이 말하기를

"〈혜〉라는 것은 법으로써 중생에게 은혜를 베풀어주는 것이고, 〈능〉이라 하는 것은 부처님의 일을 하는 것을 말하는 것입니다." 하였으며

말을 마치고 나갔는데 간 곳을 알 수가 없었다.

대사가 젖을 먹지 않았는데 밤이 되면 신인이 와서 감로를 먹여 주었다.

자라나서 나이가 스물 넷이 되었을 때 경 읽는 소리를 듣고 도를 깨달아 황매로 가서 인가를 구하였더니, 오조가 법기로 여기시어 가사와 법을 전하시며 조사의

時는 龍朔元年辛酉歲也러라
시 용삭원년신유세야
南歸隱遯이 一十六年에 至儀鳳元年丙子正月
남귀은둔 일십육년 지의봉원년병자정월
八日하야 會印宗法師러시니 宗이 悟契師旨하야
팔일 회인종법사 종 오계사지
是月十五日에 普會四衆하야 爲師薙髮하고 二月八
시월십오일 보회사중 우사체발 이월팔
日에 集諸名德하야 授具足戒하시니 西京智光律師
일 집제명덕 수구족계 서경지광율사
는 爲授戒師하고 蘇州慧靜律師는 爲羯磨하고 荊州
위수계사 소주혜정율사 위갈마 형주

자리를 잇게 하시니, 때는 용삭 원년 신유년(당 고종 12년)이었다.

남으로 되돌아가 은둔하신 지 16년이 되는 의봉 원년 병자년 정월 8일에 인종법사와 만났는데 인종이 대사의 종지를 알아 모든 면에서 뜻이 서로 잘 맞으므로

이 달 15일에 사부대중을 널리 모아서 대사의 머리를 깎고 2월 8일에 여러 이름 있는 대덕스님들을 모아서 구족계를 주시었다.

서경의 지광율사는 수계사가 되고,

소주의 혜정율사는 갈마사가 되고,

通應律師는 爲敎授하고 中天耆多羅律師는 爲說
戒하고 西國密多三藏은 爲證戒하다
其戒壇은 乃宋朝求那跋陀羅三藏이 創建立碑
曰 後當有肉身菩薩이 於此受戒라하며
又梁天監元年에 智藥三藏이 自西竺國으로 航海
而來하야 將彼土菩提樹一株하야 植此壇畔하고 亦

　형주의 통응율사는 교수사가 되고,

　중천축의 기다라율사는 설계사가 되고,

　서국의 밀다삼장은 증계사가 되었다.

　그 계단은 송조의 구나발다 삼장이 처음 비를 건립하며 이르시길

「후일에 육신보살이 여기에서 계를 받을 것이다.」 하였으며,

　또 양나라 천감 원년(서기 502년)에 지약삼장이 서축국(서인도)으로부터 바다를 건너와서
그 땅에서 가져온 보리수 한 그루를 이 단가에 심으시며 미리 예언하기를

預誌曰後一百七十年에 有肉身菩薩이 於此樹
下에 開演上乘하야 度無量衆하리니 眞傳佛心印之
法主也라하시더니
師가 至是하야 祝髮受戒하고 及與四衆으로 開示單
傳之法旨하시니 一如昔讖이러라
次年春에 師가 辭衆하고 歸寶林하시니 印宗이 與緇

「170년 뒤에 육신보살이 이 나무 아래에서 가장 훌륭한 법을 열고 연설하여 한량없는 대중을 제도할 것인데 참으로 부처님의 심인을 전하는 법의 주인이시다.」하시더니

대사가 이곳에 이르러서 비로소 머리를 깎고 계를 받으며 또 사부대중과 더불어 단전(깨달음은 언어나 문자로 전할 수 없으며 마음으로 밖에 전할 수 없다는 뜻)의 법지를 열어 보이시니 한결같이 예전에 예언하신 바와 꼭 같았다.

다음해 봄에 대사가 대중을 하직하고 보림사로 돌아가시니 인종화상이 재가자 및 출가자 천 여명과 함께

白으로 送者가 千餘人이라 直至曹溪하신대 時에 荊州
백   송자   천여인   직지조계   시 형주
通應律師가 與學者數百人으로 依師而住하니라
통응율사   여학자수백인   의사이주
師가 至曹溪寶林하사 覩堂宇湫隘하야 不足容衆하시고
사 지조계보림   도당우초애   부족용중
欲廣之하사 遂謁里人陳亞仙曰
욕광지   수알리인진아선왈
老僧이 欲就檀越하야 求坐具地하노니 得不아 仙이
노승 욕취단월   구좌구지   득불 선
曰和尙坐具가 幾許闊니잇고 祖出坐具하야 示之하신대
왈화상좌구   기허활   조출좌구   시지

전송하였다.

　바로 조계산으로 가셨는데 그때 형주의 통응율사가 학인 수 백명과 함께 대사를 의지하여 머물렀다.

　대사가 조계산의 보림사에 이르러 보니, 당우가 너무 좁아서 대중을 수용하기엔 부족함을 보시고는 넓히시려고, 마을사람인 진아선을 찾아가 만나 말씀하시길

　"노승이 단월에게 이르러 좌구 깔 땅을 구하고자 하는데 얻을 수 있겠습니까?" 하시니

　진아선이 말하기를

　"화상의 좌구가 얼마나 넓습니까?" 하므로

亞仙이 唯然이어늘 祖以坐具로 一展하야 盡罩曹溪
아선   유연   조이좌구   일전   진조조계
四境하시니 四天王이 現身하야 坐鎭四方이라
사경   사천왕   현신   좌진사방
今寺境에 有天王嶺하니 因玆而名하니라
금사경   유천왕령   인자이명
仙이 曰知和尙의 法力이 廣大나 但吾高祖의 墳墓
선   왈지화상   법력   광대   단오고조   분묘
가 竝在此地하니 他日造塔에 幸望存留하고 餘願盡
   병재차지   타일조탑   행망존류   여원진
捨하야 永爲寶坊하야지이다
사   영위보방

    조사가 좌구(앉거나 누울 때 까는 방석)를 내어 보이시자, 진아선이 허락하므로 조사가 좌구를 한번 펴니 조계의 사방경계를 다 덮었는데 사천왕이 몸을 나타내어 사방에 앉아 눌렀다.

    지금 사찰 경내에 있는 천왕령은 이때의 일로 붙여진 이름이다. 진아선이 말하기를

    "화상의 법력이 크고 넓으신 것을 알겠습니다마는 저의 고조의 분묘가 이 땅에 있으니
후일 사찰을 지으시더라도 그대로 남겨 두실 것을 바라며 나머지는 원대로 모두 드리니 영원히 절터로 삼으시기 바랍니다.

然이나 此地는 乃生龍白象來脈이라 只可平天이언정
연   차지   내생룡백상래맥   지가평천
不可平地니이다
불가평지
寺後營建에 一依其言하시니라
사후영건   일의기언
師遊境內하야 山水勝處에 輒憩止하시고 遂成蘭若
사유경내   산수승처   첩게지   수성난야
一十三所하시니 今日花果院이라하야 隸籍寺門하니라
일십삼소   금왈화과원   예적사문
茲寶林道場은 亦先是西國智藥三藏이 自南海로
자보림도량   역선시서국지약삼장   자남해

　그러나 이 땅은 생룡(살아있는 용)과
백상(흰 코끼리)이 뻗어 내린 맥이므로
높고 낮은 대로 지을지언정 땅을 깎아 평평하게 하여
짓지는 마십시오."하였기에
　뒤에 절을 지을 때 한결같이 그 말대로 하였다.
　대사가 경내를 다니시다가
산수가 뛰어난 곳에 번번이 머물러 쉬시다가 13개의
난야(수행처소)를 세우셨는데 오늘날 화과원이라는
이름으로 절 문에 써놓은 곳이다.
　이 보림도량은 역시 이보다 앞서 서국(인도)의 지약
삼장이 남해로부터 와서 조계의 어귀를 지날 때에 물

經曹溪口_{할새} 掬水而飮_{하고} 香美異之_{하야} 謂其徒
경 조 계 구   국 수 이 음   향 미 이 지   위 기 도
曰 此水_가 與西天之水_로 無別_{하니}
왈 차 수   여 서 천 지 수   무 별
溪源上_에 必有勝地_{하야} 堪爲蘭若_{라하고} 隨流至源
계 원 상   필 유 승 지   감 위 난 야   수 류 지 원
上_{하야} 四顧_{하니} 山水_가 回環_{하고} 峯巒_이 奇秀_{어늘} 歎
상   사 고   산 수   회 환   봉 만   기 수   탄
曰宛如西天寶林山也_{로다}
왈 완 여 서 천 보 림 산 야
乃謂曹侯村居民曰可於此山_에 建一梵刹_{이니} 一
내 위 조 후 촌 거 민 왈 가 어 차 산   건 일 범 찰   일

을 한 모금 움켜 마시고 향기로운 맛을 이상히 여기어 그 제자에게 일러 말씀하시길

「이 물이 서천의 물과 다르지 않으니 시냇물 저 위에는 반드시 뛰어난 땅이 있을 것이고 도량을 세울 만할 것이니라.」 하시며

　흐르는 물을 따라가

그 위에 올라가서 사방을 둘러보니

산과 물이 감아 돌고 산봉우리가 매우 빼어났으므로 감탄을 하며 말씀하시길

「완연히 서천의 보림산과 같구나.」 하시며

　조후촌의 사람들에게

百七十年後에 當有無上法寶를 於此演化하야 得
백 칠 십 년 후   당 유 무 상 법 보   어 차 연 화   득
道者가 如林하리니 宜號寶林이라하야시늘
도 자   여 림   의 호 보 림
時에 韶州牧侯敬中이 以其言으로 具表聞奏한대
시   소 주 목 후 경 중   이 기 언   구 표 문 주
上이 可其請하야 賜寶林爲額하고 遂成梵宮하야 落
상   가 기 청   사 보 림 위 액   수 성 범 궁   낙
成於梁天監三年하다
성 어 양 천 감 삼 년
寺殿前에 有潭一所하야 龍이 常出沒其間하야 觸橈
사 전 전   유 담 일 소   용   상 출 몰 기 간   촉 뇨

「이 산에 절을 하나 지으십시오. 170년 뒤에 마땅히 위없는 법을 이곳에서 연설하고 교화하여 도를 얻는 자가 수풀과 같을 것이니 응당 보림이라 이름하십시오.」하셨다.

그때의 소주 목사인 후경중이
그 말씀을 표로 갖추어 왕에게 상주하니
임금이 그 청을 옳게 여겨서
〈보림〉이라는 현판을 하사하시어 절을 지었는데,
양나라 천감 삼년(서기 503년) 에 낙성을 하였다.

절의 전각 앞에 못이 하나 있었는데 용이 항상 그 속에서 출몰하여 숲의 나무를 흔들어 꺾어 놓콘 하였는

林木임목이러니 一日일일에 現形甚巨현형심거하야 波浪파랑이 洶湧흉용하고 雲운
霧무가 陰翳음예하야 徒衆도중이 皆懼개구어늘 師사가 叱之曰爾只能질지왈이지능
現大身현대신이오 不能現小身불능현소신이로다
若爲神龍약위신용인대 當能變化당능변화하야 以小現大이소현대하고 以大現이대현
小也소야니라
其龍기룡이 忽沒홀몰이러니 俄頃아경에 復現小身복현소신하야 躍出潭약출담

데, 어느 날은 아주 큰 형상으로 나타났기에 물결이 솟아오르고 구름과 안개가 자욱하게 덮이어 대중들이 모두 두려워하므로 대사가 꾸짖으시며,

"네가 큰 몸으로만 나타날 수 있지 작은 몸으로는 나타날 수 없는 모양이구나.

만약 신령스런 용이라면 마땅히 변화하여 작은 몸을 크게 나타내고 큰 몸을 작게 나타낼 수 있을 것이니라." 하시니

그 용이 갑자기 사라졌다가 조금 있으니 다시 작은 몸으로 나타나 못 위로 뛰어 나오므로 대사가 발우를 펴 보이시면서

面이어늘 師展鉢試之曰 爾且不敢入老僧鉢盂裏아
龍乃游揚至前이어늘 師以鉢로 舀之하신대 龍이 不
能動이어늘 師가 持鉢上堂하사 與龍說法하시니
龍이 遂蛻骨而去라 其骨長이 可七寸이오 首尾角
足이 皆具하야 留傳寺門하니라 師가 後에 以土石으로
堙其潭하시니 今殿前左側에 有鐵塔鎭處가 是也라

"네가 감히 노승의 발우 속에는 들지 못할 것이다" 하시니

용이 나르다시피 헤엄쳐 앞에 이르므로 대사가 발우에 담으시니 용이 움직이지를 못하였다.

대사가 발우를 법당에 가지고 가서 용을 위하여 설법을 하시니 용이 마침내 뼈를 벗고 사라졌다.

그 뼈의 길이가 칠촌이나 되고 머리와 꼬리와 뿔과 발이 모두 갖추어져 있었다는 것이 절에 전해져 오고 있다.

대사가 후에 흙과 돌로 그 못을 메우셨는데 지금의 전각 앞 좌측에 철탑으로 눌른 곳이 바로 그곳이다.

六祖法寶壇經
육 조 법 보 단 경

門人 法海 集
문인 법해 집

第一 行由品
제 일   행 유 품

時_에 大師_가 至寶林_{하신대} 韶州韋刺史_가 與官僚_로
시   대사   지보림   소주위자사   여관료

入山_{하야} 請師於大梵寺講堂_{하야} 爲衆開緣_{하야} 說
입산   청사어대범사강당   위중개연   설

摩訶般若波羅密法_{이어늘}
마하반야바라밀법

師_가 陞座次_에 刺史官僚三十餘人_과 儒宗學士
사   승좌차   자사관료삼십여인   유종학사

제일. 행유품

    그때에 대사께서 보림에 이르시자

소주의 위 자사가

관료들과 함께 산에 들어와서

대사께 대범사의 강당에서

대중을 위하여 인연을 열어서

마하 반야 바라밀 법을

설하여 주시기를 청하므로,

대사께서 자리에 오르시니

자사와 관료 30여명과 유교의 선비 30여명과

三十餘人과 僧尼道俗一千餘人이 同時作禮하고
삼십여인   승니도속일천여인   동시작례

願聞法要어늘
원문법요

大師가 告衆曰善知識아 菩提自性이 本來淸淨하니
대사   고중왈선지식   보리자성   본래청정

但用此心이면 直了成佛하리라
단용차심   직료성불

善知識아 且聽慧能의 行由와 得法事意하라
선지식   차청혜능   행유   득법사의

能의 嚴父는 本貫이 范陽이니
능   엄부   본관   범양

  비구와 비구니와

도를 닦는 이와 속인 등

천 여명이 다 같이 절을 하고

법의 요체 듣기를 원하므로

대사께서 대중에게 말씀하셨다.

  "선지식아!

보리의 자성이 본래 맑고 깨끗하니 다만 이 마음만 쓰면 바로 성불 할 것이니라."

  선지식아!

또 나의 행적과 법을 얻은 일의 내용을 들어보아라.

  나의 선친은 본관이 범양 인데,

左降ᄒᆞ야 流于嶺南ᄒᆞ야 作新州百姓이리니
좌 강   유 우 영 남   작 신 주 백 성

此身이 不幸ᄒᆞ야 父又早亡ᄒᆞ시고
차 신   불 행   부 우 조 망

老母孤遺라 後來南海ᄒᆞ야 艱辛貧乏ᄒᆞ야 於市에 賣
노 모 고 유   후 래 남 해   간 신 빈 핍   어 시   매

柴ᄒᆞ더니
시

時에 有一客이 買柴ᄒᆞ야 使令送至客店ᄒᆞ야
시   유 일 객   매 시   사 령 송 지 객 점

客이 收去ᄒᆞ고 能이 得錢ᄒᆞ야 却出門外라가 見一
객   수 거   능   득 전   각 출 문 외   견 일

좌천되어 영남으로 내려가 신주의 백성이 되셨다.

　이 몸이 불행하여
아버지께서 일찍 돌아가시고
늙은 어머니와 외롭게 남았는데,
뒤에 남해로 와서 가난한 살림에 쪼들리어 고생을 하며 시장에서 나무를 팔았는데,
어느 날 한 손님이 나무를 사서 객점으로 갖다 달라 하므로 손님에게 갖다주고
돈을 받아서 문밖으로 나오다가 어떤 손님이 경 외우는 것을 보게 되었다.
　내가 경을 잠깐 들으니

客이 誦經이라 能아 一聞經에 云應無所住而生其心하고 心卽開悟하야 遂問호대 客誦何經고 客이 曰 金剛經이로라

復問호대 從何所來하야 持此經典고

客이 云我從蘄州黃梅縣東禪寺來니 其寺는 是五祖忍大師가 在彼主化하사 門人이 一千有餘라

〈마땅히 머무르는 바가 없이 그 마음을 내어야 하느니라.〉 하므로 마음이 곧 열리어 깨쳐

「손님께서 무슨 경을 외우고 계십니까?」

라고 물었더니 손님이

「금강경입니다.」

하시므로, 다시

「어느 곳에서 오셨는데 이 경전을 지니고 계십니까?」하였더니

손님이 말씀하시기를

「나는 기주의 황매현 동선사에서 왔습니다. 그 절에는 오대조인 홍인 대사가 계시면서 교화를 하시는데

我到彼中하야 禮拜하고 聽受此經이니
아 도 피 중   예 배   청 수 차 경

大師가 常勸僧俗하사대 但持金剛經하면 卽自見性
대 사 상 권 승 속   단 지 금 강 경   즉 자 견 성

하야 直了成佛이라하더라하야늘
    직 료 성 불

能이 聞說하고 宿昔有緣하야 乃蒙一客의 取銀十兩
능   문 설   숙 석 유 연   내 몽 일 객   취 은 십 냥

與能하야 令充老母衣糧하고 敎便往黃梅하야 禮拜
여 능   영 충 노 모 의 량   교 편 왕 황 매   예 배

五祖하라하야 能이 安置母畢하고 卽便辭親하야 不經
오 조   능   안 치 모 필   즉 편 사 친   불 경

문인이 천 여명이나 됩니다.

저도 그곳에 가서 예배하고 이 경을 듣고 받아 왔습니다. 대사께서는 항상 스님들과 속인들에게 권하시기를 '다만 금강경만 받아 지니면 스스로 견성하여 바로 성불한다'
고 말씀하셨습니다.」

이런 말을 들었는데,
숙세에 인연이 있었는지
그 손님이 은 열 냥을 나에게 주시면서 "노모의 옷과 양식을 마련해 놓고 바로 황매에 가서 오조에게 예배하라." 하시므로 나는 어머니를 편안히 모셔놓고 하직

三十餘日에 便至黃梅하야 禮拜五祖호니 問曰汝何
方人이며 欲求何物고
能이 對曰弟子는 是嶺南新州百姓이니 遠來禮
師는 惟求作佛이요 不求餘物이니이다
祖言하사대 汝是嶺南人이오 又是獦獠어니 若爲堪
作佛이리오

하여 30여 일이 못되어 황매에 다다랐느니라.

　오조께 예배하니

　나에게 물으시기를

　「너는 어느 지방 사람이며 무슨 물건을 구하고자 하는고?」하시기에

　내가 대답하기를

　「제자는 영남의 신주에 있는 백성인데 멀리 와서 스님께 예배 드리는 것은 오직 부처님 되기를 구할 뿐 다른 물건을 구하지 않습니다.」하였더니

　조사께서 말씀하시기를

　「네가 영남 사람이라면 곧 오랑캐인데 어떻게 부처

能이 曰人은 雖有南北이나 佛性은 本無南北하니 獦
능   왈인   수유남북   불성   본무남북   갈
獠의 身은 與和尙으로 不同이어니와
료   신   여화상   부동
佛性은 有何差別이리잇고
불성   유하차별
祖가 更欲與語하사대 且見徒衆이 總在左右하시고 乃
조   갱욕여어   차견도중   총재좌우   내
令隨衆作務하라하야시늘 惠能曰이 啓和尙하노니 弟子
령수중작무   혜능왈   계화상   제자
自心에 常生智慧하야 不離自性이 卽是福田이어니 未
자심   상생지혜   불리자성   즉시복전   미

님이 될 수 있단 말이냐?」하시므로

내가 말씀드리기를

「사람에게는 비록 남북이 있습니다만, 불성에는 본래 남북이 없습니다. 오랑캐의 몸이 화상과는 같지 않습니다만 불성에는 무슨 차별이 있겠습니까?」하였더니

오조께서 다시 말씀을 하시려다가 대중들이 좌우에 모여 있음을 보시고 이내

「대중을 따라가서 일이나 하라.」하시므로

내가 말씀드리기를

「혜능이 화상께 여쭙겠습니다. 제자는 자기 마음에 항상 지혜를 내어서 자성을 여의지 않는 것이 곧 복전

審和尙은 教作何務니잇고 祖가 云這獦獠가 根性이
大利로다 汝更勿言하고 著槽廠去하라
能이 退至後院하니 有一行者가 差能하야 破柴踏
碓를 經八餘月이러니
祖가 一日에 忽見能曰吾가 思汝之見이 可用이나
恐有惡人이 害汝하야 遂不與汝言호니 汝知之否아

인가 하옵는데, 화상께서 무슨 일을 하라 하시는지 알지를 못하겠습니다.」하였더니

오조께서 말씀하시기를

「이 오랑캐가 근성이 너무 날카롭구나. 너는 여러 말하지 말고 방앗간에나 가 있거라.」하시었다.

내가 물러 나와 후원에 이르니

한 행자가 나에게 나무를 쪼개고 방아를 찧게 하였는데, 8개월 정도가 지나서 어느 날 오조가 나를 보고 말씀하시기를

「내가 너의 견해가 쓸만한 것으로 생각했으나 거친 사람들이 너를 해칠까 두려워서 결국은 너와 함께 말

能이 曰弟子도 亦知師意일새 不敢行至堂前하야 令人不覺케호이다
祖가 一日에 喚諸門人하사 總來하라 吾向汝說호리라
世人이 生死事大어늘
汝等이 終日只求福田하고 不求出離生死苦海하나니
自性을 若迷하면 福何可救리요

하지 못하였는데 알고 있었느냐?」하시므로

「제자도 역시 대사님의 뜻을 알았으므로 감히 당 앞에 나가지 않았으며 사람들로 하여금 알지 못하게 하였습니다.」라고 말씀드렸다.

오조께서 하루는 문인들을 다 불러모으시고

「내가 너희들에게 설하리라.

세상사람들에게는 나고 죽는 일이 큰데
너희들은 날마다 온종일 복전만 구하고 생사의 고해에서 벗어나는 일은 구하지 않는구나.
자성이 만일 미혹 하다면
복으로 어찌 구원할 수 있겠느냐.

汝等은 各去하야 自看智慧하야 取自本心般若之性하야
여등 각거   자간지혜   취자본심반야지성

各作一偈하야 來呈吾看하라
각작일게   내정오간

若悟大意하면 付汝衣法하야 爲第六代祖호리니 火
약오대의   부여의법   위제육대조   화

急速去하야 不得遲滯하라 思量하면 卽不中用이니라
급속거   부득지체   사량   즉부중용

見性之人은 言下에 須見이니 若如此者는 輪刀上
견성지인 언하 수견   약여차자   윤도상

陣이라도 亦得見之니라
진   역득견지

너희들은 각자 가서 스스로 지혜를 살펴보고 자기의 본심인 반야의 성품을 취하여서

각자 게송을 하나씩 지어서 나에게 갖고 와 바쳐 보이어라.

만일 대의를 깨달았으면 너희에게 가사와 법을 전하여 제 육대조로 삼으리니 어서 빨리 돌아가되 지체하지 말아라.

생각으로 헤아린다면 맞지 않을 것이니라.

견성한 사람은 말 아래에 모름지기 볼 수 있을 것이다. 만일 이와 같은 사람은 칼을 휘두르는 전쟁터에 나가더라도 역시 볼 수 있을 것이다.」하셨느니라.

衆得處分하야 退而遞相謂曰我等衆人은 不須澄
心하야 用意作偈니 將呈和尙인들 有何所益이리오
神秀上座가 現爲敎授師하니 必是他得이라
我輩는 謾作偈頌하야 枉用心力이라하야늘 餘人이 聞
語하고 總皆息心하야 咸言호대 我等은 已後에 依止
秀師니 何煩作偈리오

대중들이 분부를 받고 물러 나와 수군거리며 서로에게 말하기를

「우리들은 모름지기 마음을 깨끗하게 하고 생각을 다하여 게송을 지어 화상에게 바친들 무슨 이익이 있겠는가? 신수상좌가 현재 교수사 이시니 반드시 그것을 얻을 것인데 우리가 부질없이 게송을 짓는 것은 마음만 헛되이 쓸 뿐이다.」

하므로 사람들이 이 말을 듣고 모두 다 마음을 쉬며 말하기를

「우리들은 이후에 신수에게 의지할 것인데 어찌 번거롭게 게송을 지으리요.」라 하였다.

神秀가 思惟호대 諸人이 不呈偈者는 爲我與他로
신수   사유   제인   부정게자   위아여타

爲教授師니 我須作偈하야 將呈和尙호리라
위교수사   아수작게   장정화상

若不呈偈면 和尙이 如何知我心中에 見解深淺
약부정게   화상   여하지아심중   견해심천

이리오 我呈偈意는 求法卽善이오 覓祖卽惡이니 却同
       아정게의   구법즉선   멱조즉악   각동

凡心하야 奪其聖位로 奚別이리오
범심   탈기성위   해별

若不呈偈면 終不得法하리니 大難大難이로다
약부정게   종부득법   대난대난

　신수가 생각하기를

　'사람들이 게송을 바치지 않는 것은 내가 저희들의 교수사가 된 때문이니 내가 모름지기 게송을 지어서 화상에게 바쳐야겠다. 만일 게송을 바치지 아니하면 화상이 어떻게 내 마음속의 견해가 깊은지 옅은지를 아시겠는가? 내가 게송을 바치려는 뜻은 법을 구하는 것이며 좋은 일이나 조사의 자리를 찾는데 있다면 나쁜 일이며 도리어 범부의 마음과 같아서 그 성인의 자리를 빼앗음과 어찌 다르겠느냐. 만일 게송을 바치지 아니하면 결국은 법을 얻지 못할 것이니 크게 어렵고도 어려운 일이로구나' 하였다.

五祖堂前에 有步廊三間하야 擬請供奉盧珍하야 畵
오조당전   유보랑삼간   의청공봉노진   화
楞伽經變相과 及五祖血脈圖하야 流傳供養이러시니
능가경변상 급오조혈맥도   유전공양
神秀가 作偈成已에 數度欲呈하야 行至堂前하니
신 수   작게성이   수도욕정   행지당전
心中恍惚하야 遍身汗流라 擬呈不得하야 前後經四
심중황홀   변신한류   의정부득   전후경사
日에 一十三度를 呈偈不得하고 秀乃思惟호대 不如
일   일십삼도   정게부득   수내사유   불여
向廊下書着하야 從他和尚의 看見이니
향랑하서착   종타화상   간견

　오조의 당 앞에는 복도가 세 칸 있었는데, 공봉(재주와 기예가 있는 사람에게 준 벼슬 이름)인 노진을 청하여 능가경의 변상도와 오조의 혈맥도를 그려서 전하여 내려가며 공양하게 하도록 하려는 중이었다.

　신수가 게송 짓기를 마쳐 바치려고 여러 번 당 앞에까지 갔었는데 마음이 황홀하고 온 몸에 땀이 흐르는지라, 바치려는 생각을 못 내어 전후 4일 동안 열세 번이나 게송을 바치지 못하였다.

　신수가 이에 생각하기를

'복도 아래에다 적어두는 것이 차라리 낫겠다. 화상께서 다니시다가 보시고, 만일 좋다고 말씀하시면 곧

忽若道好시면 卽出禮拜하야 云是秀作이라하고
홀약도호   즉출예배   운시수작
若道不堪이면 枉向山中하야 數年을 受人禮拜라
약도불감   왕향산중   수년 수인예배
更修何道아하고 是夜三更에 不使人知하야 自執
갱수하도   시야삼경   불사인지   자집
燈하고 書偈於南廊壁間하야 呈心所見하니 偈에 曰
등   서게어남랑벽간   정심소견   게 왈
　　身是菩提樹요　　　心如明鏡臺라
　　신시보리수　　　　심여명경대
　　時時勤拂拭하야　　勿使惹塵埃어다
　　시시근불식　　　　물사야진애

나아가 예배하며, 이 신수가 지었다고 말씀드려야겠다. 만일 마땅치 못하다고 말씀하시면 헛되이 산중에 들어와서 여러 해 동안 다른 사람의 예배만 받은 것이니 다시 무슨 도를 닦겠다고 하겠느냐'하며

이날 밤 삼경에 다른 사람들이 알지 못하도록 직접 등을 잡고 남쪽 복도의 벽 사이에 게송을 써서 마음의 소견을 바쳤다. 게송에 이르기를

　　몸은 보리수
　　마음은 맑은 거울
　　때때로 부지런히 털고 닦아서
　　먼지 앉고 때묻지 않도록 하라.

秀가 書偈了코 便却歸房하니 人總不知라
수   서게료   편각귀방   인총부지

秀復思惟호대 五祖가 明日에 見偈歡喜하시면 即我與
수부사유   오조   명일   견게환희   즉아여

法有緣이어니와 若言不堪이면 自是我迷라 宿業障
법유연   약언불감   자시아미   숙업장

重하야 不合得法이니 聖意難測이로다
중   불합득법   성의난측

房中思想호대 坐臥不安하야 直至五更이라
방중사상   좌와불안   직지오경

祖가 已知神秀가 入門未得하야 不見自性하시고 天
조   이지신수   입문미득   불견자성   천

하였다. 신수가 게송을 다 쓰고 곧 방에 돌아왔으므로 다른 사람들은 모두 다 알지 못하였는데, 신수가 다시 생각하기를

'오조가 밝은 날 게송을 보시고 기뻐하시면 법과 내가 인연이 있는 것이지만 만일 잘 되지 못했다고 말씀하시면 나 자신이 미혹한 것이며 숙세의 업장이 두꺼워 법을 얻지 못하는 것이니 성인의 뜻은 헤아리기가 어렵구나'하며

방안에서 이런 생각으로 앉았다 누웠다하며 불안해하였는데 바로 오경이 되었고, 조사께서는 신수가 자성을 보지 못하여 문안에 들어오지 못하였음을 이미 아

明에 祖가 喚盧供奉來하사 向南廊壁間하야 繪畫圖
명 조 환노공봉래 향남랑벽간 회화도
相이라가 忽見其偈하시고 報言供奉하사대
상 홀견기게 보언공봉
却不用畵니 勞爾遠來로다
각불용화 노이원래
經에 云凡所有相이 皆是虛妄이라하시니
경 운범소유상 개시허망
但留此偈하야 與人誦持케호리니 依此偈修하면 免墮
단류차게 여인송지 의차게수 면타
惡道요 依此偈修하면 有大利益하리라
악도 의차게수 유대이익

시고 계셨다.

날이 밝자 오조께서 노 공봉을 불러 남쪽 복도의 벽에 그림을 그리게 하시려다가 홀연히 그 게송을 보시고 공봉에게 말씀하시기를

「이제 그림을 그리지 않아도 될 것이네.
그대가 멀리 오느라 수고만 하시었네.

경에 이르시기를 '무릇 모양 있는 바는 모두다 허망하다.'하였으니 이 게만 두어서 사람들에게 외우고 지니게 하겠네. 이 게송을 의지하여 닦으면 악도에 떨어짐을 면하고 이 게송을 의지하여 닦으면 큰 이익이 있을 것일세.」하시고는

令門人으로 炷香禮敬하고 盡誦此偈하면 卽得見性
영문인   주향예경   진송차게   즉득견성
이라하신대 門人이 誦偈하고 皆歎善哉라하더니
         문인   송게   개탄선재
祖가 三更에 喚秀入堂하야 問曰偈是汝作否아
조   삼경   환수입당   문왈게시여작부
秀言實是秀作이나 不敢妄求祖位로소니 望和尙은
수언실시수작   불감망구조위   망화상
慈悲로 看하소서 弟子가 有少智慧否잇가 祖가 曰汝
자비   간   제자   유소지혜부   조   왈여
作此偈는 未見本性이니 只到門外요 未入門內라
작차게 미견본성   지도문외   미입문내

문인으로 하여금 향을 사르게 하고 예경하게 하시며 「이 게송을 다 외우면 곧 견성하게 되느니라.」하시니 문인들이 이 게송을 외우며 모두다 훌륭하다고 찬탄하였느니라. 오조께서 삼경에 신수를 방으로 들어오게 하여「게송을 네가 지었느냐?」라고 물으시니

신수가 말하기를

「실로 제가 지었으나 감히 망령스럽게 조사의 지위를 구하는 것은 아닙니다. 바라옵건대 화상께서는 자비로 살펴주십시오. 제자에게 조그마한 지혜라도 있습니까?」하므로, 오조께서 말씀하셨다.

「네가 지은 이 게송은 본성을 보지 못한 것이다. 다

如此見解로 覓無上菩提인댄 了不可得이니라
여차견해   멱무상보리   요불가득

無上菩提는 須得言下에 識自本心하야 見自本
무상보리   수득언하   식자본심   견자본

性이 不生不滅하야 於一切時中에 念念自見萬法
성 불생불멸   어일체시중   염념자견만법

無滯하야 一眞에 一切眞이라
무체   일진   일체진

萬境이 自如如니 如如之心이 即是眞實이니 若如
만경   자여여   여여지심   즉시진실   약여

是見인댄 即是無上菩提之自性也니라
시견   즉시무상보리지자성야

만 문밖에 이르렀을 뿐이지 문안에는 들지 못한 것이니라. 이와 같은 견해로는 위없는 보리를 아무리 찾아도 얻을 수 없을 것이니라. 위없는 보리는 모름지기 말 아래에 자기의 본심을 알고 자기의 본성이 나지도 않고 없어지지도 않는 것임을 보아서

어느 때라도 만 법이 막힘이 없어 하나가 참됨에 일체가 참되어 만가지 경계가 스스로 여여(성품에 어긋남이 없고 영원불변한 진실의 모습)한 것임을 순간 순간 스스로 보느니라.

여여한 마음이 곧 진실이니 만일 이와 같이 본다면 이것이 곧 위없는 보리의 자성이니라.

汝且去하야 一兩日思惟하야 更作一偈하야 將來
여차거 일양일사유 갱작일게 장래
吾看하라 汝偈가 若入得門이면 付汝衣法호리라
오간 여게 약입득문 부여의법
神秀가 作禮而出하야 又經數日호대 作偈不成하야
신수 작례이출 우경수일 작게불성
心中이 恍惚하야 神思不安이
심중 황홀 신사불안
猶如夢中하야 行坐不樂이러라
유여몽중 행좌불락
復兩日에 有一童子가 於碓坊過라가 唱誦其偈어늘
부양일 유일동자 어대방과 창송기게

너는 가서 하루 이틀 더 생각하여보고 게송을 다시 지어서 나에게 가져와 보여라.

　너의 게가 만일 문에 들어 왔으면 너에게 가사와 법을 맡기겠노라.」

　신수가 예를 갖추고 물러 나와 며칠을 보냈지만 게송을 짓지 못해 마음이 혼란하고 정신과 생각이 불안하여

마치 꿈속과 같았으며 앉거나 움직이는 것이 편안하지 못하였다.

　다시 이틀이 지난 뒤에 어떤 동자가 방앗간을 지나면서 그 게송을 소리내어 외우기에 내가 한번 들어보

能이 一聞에 便知此偈가 未見本性이라 雖未蒙敎
授나 早識大意하고 遂問童子曰誦者가 何偈오하게
童子가 言호대 爾這獦獠는 不知아 大師가 言하사대
世人이 生死事大하니 欲得傳付衣法이라하시고 令門
人으로 作偈來看하라
若悟大意하면 卽付衣法하야 爲第六祖호리라하신대

니 이 게는 본성을 보지 못한 것이었다.

　비록 가르침은 받지 못하였으나 일찍이 큰 뜻을 알았기에 동자에게 묻기를

　「외우는 것이 무슨 게송입니까?」하였더니

　동자승이 말하길

　「너 이 오랑캐야 그것도 모르느냐 대사께서 말씀하시기를 '세상의 사람들에게는 나고 죽는 일이 크니 가사와 법을 부탁하여 전하려 한다.'하시며

문인들로 하여금

　'게송을 지어 와서 보여라. 만일 큰 뜻을 깨달았다면 곧 가사와 법을 맡기고 제 육조를 삼으리라.'하셨기에

神秀上座가 於南廊壁上에 書無相偈하시니
大師가 令人으로 皆誦此偈하라 依此偈修하면 免墮
惡道라하시니라하야늘
依此偈修有大利益이라 惠能曰 上人아 我此踏
碓가 八箇餘月이로대 未曾行到堂前이니 望上人은
引至偈前하야 禮拜케하라

　신수상좌가
남쪽 복도의 벽 위에 무상게송을 쓰셨는데 대사가 사람들로 하여금
'모두 다 이 게송을 외워라. 이 게송을 의지하여 닦으면 악도에 떨어지는 것을 면하고 큰 이익이 있으리라.' 라고 말씀하셨다.」 하므로

　내가 말하기를
「스님, 내가 이 방아를 밟은 지가 8개월이 되었지만 아직도 당 앞에 가보지 못하였으니 스님께서 게송 앞으로 인도해서 예배할 수 있도록 해주시기 바랍니다.」
하였더니,

童子가 引至偈前하야 作禮어늘 能이 曰能은 不識
동자   인지게전   작례   능   왈능   불식
字니 請上人은 爲讀하라 時에 有江州別駕가 姓은
자   청상인   위독   시   유강주별가   성
張이요 名은 日用이라 便高聲讀이어늘 惠能이 聞已
장   명   일용   편고성독   혜능   문이
하고 遂言호대 亦有一偈하니 望別駕는 爲書하라 別駕가
     수언   역유일게   망별가   위서   별가
言호대 汝亦作偈하니 其事가 希有로다 能이 啓別駕
언   여역작게   기사   희유   능   계별가
言호대 欲學無上菩提인댄 不得輕於初學이니
언   욕학무상보리   부득경어초학

동자가 게송 앞에 이르러서 예배하게 하므로 내가 말하기를 「저는 문자를 알지 못하니 청컨대 스님께서 읽어주십시오.」하였다.

그때에 강주의 별가(자사의 다음벼슬)가 성은 장이요 이름은 일용이라 하는 이가 문득 큰소리로 읽기에 내가 듣고서 말하기를 「내게도 게가 하나 있으니 별가께서 써 주시기 바랍니다.」하였더니

별가가 말하기를 「오랑캐야 너도 게송을 짓겠다 하니 그 일이 희유하구나.」하므로, 내가 별가에게 말하기를 「위없는 보리를 배우고자 하는데 처음 배우는 사람이라고 가볍게 여기지 마십시오. 낮고 낮은 사람이

下下人도 有上上智요 上上人도 有沒意智니 若輕
하하인　유상상지　상상인　　유몰의지　약경
人하면 卽有無量無邊罪니라
인　　즉유무량무변죄
別駕가 言호대 汝但誦偈하라 吾爲汝書호리라 汝若得
별가　언　　여단송게　　　오위여서　　　　여약득
法인댄 先須度吾하야 勿忘此言하라 能이 偈曰
법　　선수도오　　　물망차언　　　능　게왈
　　菩提는 本無樹요　　　明鏡도 亦非臺라
　　보리　본무수　　　　명경　역비대
　　本來無一物이어니 何處에 惹塵埃리오
　　본래무일물　　　　　하처　야진애

라도 높고 높은 지혜가 있을 수 있고 높고 높은 사람이라도 생각과 지혜가 없을 수 있습니다. 만일 사람을 가볍게 여기면 곧 한량없고 가없는 죄가 될 것입니다.」 하였더니 별가가 말하기를

「너는 다만 게송을 외워라 내가 너를 위하여 써주리라. 네가 만약 법을 얻으면 나부터 꼭 제도하여 주어라. 이 말을 잊지 말아라.」하므로 게송을 말하였느니라.

　　보리수 본래 없고
　　명경 또한 대가 아님이라.
　　본래 한 물건도 없는데
　　어디에 먼지 앉고 때가 끼겠는가!

書此偈已하니 徒衆이 總驚하야 無不嗟訝하야 各相
서 차 게 이   도 중   총 가   무 불 차 아   각 상
謂言호대 奇哉라 不得以貌로 取人이로다 何得多時를
위 언   기 재   부 득 이 모   취 인   하 득 다 시
使他肉身菩薩이러뇨 祖가 見衆人이 驚怪하시고
사 타 육 신 보 살   조   견 중 인   가 괴
恐人損害하사 遂將鞋하야 擦了偈云하사대 亦未見
공 인 손 해   수 장 혜   찰 료 게 운   역 미 견
性이로다하시니 衆以爲然하니라
성   중 이 위 연
次日에 祖가 潛至碓坊하사 見能이 腰石舂米하시고
차 일   조   잠 지 대 방   견 능   요 석 용 미

이 게송을 써놓으니 대중이 다 놀라며 감탄하거나 의심하지 않음이 없었으며 서로에게 말하기를

「기특하다. 사람은 모양만으로는 알 수가 없구나. 어찌하여 오랫동안 저 육신보살을 부렸던가.」

하였는데 조사께서는 대중들이 놀라고 괴이하게 여김을 보시고

사람들이 해칠까 두려워하시어 마침내 신발로 게송을 문질러버리며 말씀하시기를

「역시 성품을 보지 못하였다.」하시니

대중들이 그런줄 알았다.

다음날 조사께서 가만히 방앗간에 오셔서 내가 돌을

語曰求道之人의 爲法忘軀가 當如是乎인저 卽問
어왈구도지인   위법망구   당여시호   즉문
曰米熟也未아 能이 曰米熟은 久矣로대 猶欠篩在
왈미숙야미   능 왈미숙   구의   유흠사재
니이다 祖가 以杖으로 擊碓三下而去어시늘 能이 卽會
     조 이장   격대삼하이거   능 즉회
祖意하고 三鼓에 入室한대 祖以袈裟로 遮圍하야 不
조의   삼고 입실   조이가사   차위   불
令人見케하시고 爲說金剛經이어시늘 至應無所住而
령인견   위설금강경   지응무소주이
生其心하야 能이 言下에 大悟一切萬法이 不離自
생기심   능 언하 대오일체만법   불리자

허리에 달고 쌀을 찧는 것을 보시고 말씀하시기를

「도를 구하는 사람은 법을 위하여 몸을 잊어야 하는 것이 마땅히 이와 같아야 하느니라.」하시며

「쌀을 얼마나 찧었느냐?」하시기에

「쌀을 찧은지는 오래되었지만 아직도 키질을 못했습니다.」하였더니

조사가 지팡이로 방아를 세 번 치시고 나가시므로 곧 조사의 뜻을 알아차리고 삼경에 방으로 들어가 뵈오니 조사께서 가사로 주위를 막아 사람들이 보지 못하게 하시고 금강경을 설하여 주셨는데 〈마땅히 머무르는 바가 없이 그 마음을 내어라.〉하는 구절에 이르

性하고 遂啓祖言호대 何期自性이 本自淸淨이며 何期自性이 本不生滅이며 何期自性이 本自具足이며 何期自性이 本無動搖며 何期自性이 能生萬法이리잇고 祖가 知悟本性謂惠能曰하시고 不識本心하면 學法無益이오 若識自本心하고 見自本性하면 卽名丈夫天人師佛이라하사 三更에 受法하니

러 그 말씀 아래 일체 만법이 자기의 성품을 떠나지 않음을 크게 깨닫고서 조사께 말씀드렸다.

「어찌 자성이 본래 스스로 청정함을 기약(때를 정하여 약속함)했으며 어찌 자성이 본래 나고 멸하지 않음을 기약했으며 어찌 자성이 본래 스스로 구족함을 기약했으며 어찌 자성이 본래 흔들림이 없음을 기약했으며 어찌 자성이 능히 만법을 내는 줄 기약했겠습니까?」

조사께서 내가 본성을 깨달은 것을 아시고 이르시기를「본심을 알지 못하면 법을 배워 무슨 이익이 있으랴. 스스로 본심을 알고 본성을 보면 곧 장부, 천인사, 불이니라.」하셨다. 삼경에 법을 받았으므로 사람들이

人盡不知라 便傳頓敎와 及衣鉢云하사대 汝爲第六
인진부지   변전돈교   급의발운   여위제육
代祖하니 善自護念하야 廣度有情하고 流布將來하야
대조   선자호념   광도유정   유포장래
無令斷絶케하라 聽吾偈하라 曰
무령단절   청오게   왈
　　有情이 來下種하니　　因地에 果還生이로이다
　　유정   래하종   인지   과환생
　　無情은 旣無種이라　　無性亦無生이로다
　　무정   기무종   무성역무생
祖가 復曰昔에 達磨大師가 初來此土하시니 人未之
조   부왈석   달마대사   초래차토   인미지

아무도 알지 못하였다. 돈교(말 아래 대번에 깨치는 것)와 가사와 발우를 전하시면서

「네가 이제 제 육대조가 되었으니 스스로 잘 보호하고 지켜서 널리 유정(有情)을 제도하고 장래에 유포하여 단절되지 않게끔 하여라.」하시며 게송을 하셨다.

　　유정이 와 종자를 내리니
　　인지(因地)에서 결과가 다시 나도다.
　　무정은 이미 종자가 없는지라.
　　성품도 없고 태어남도 없도다.

조사가 다시 말씀하시기를

「옛적에 달마대사가 처음 이 땅에 오시니 사람들이

信일새 故傳此衣하사 以爲信體하야 代代相承이어니와
法則以心傳心하야 皆令自悟自解니
自古로 佛佛이 惟傳本體하시고 師師가 密付本心이라
衣爲爭端이니 止汝勿傳하라 若傳此衣하면 命如懸
絲하리라 汝須速去니 恐人害汝하노라
能이 曰向甚處去리잇고 祖가 云逢懷則止하고 遇會

믿지 않으므로 이 가사를 전하며 믿음의 바탕으로 삼아서 대대로 이어져오는 것인데 법은 곧 마음으로 마음을 전해서 누구나 스스로 깨닫고 스스로 알게 하는 것이다. 예로부터 부처님과 부처님이 오직 본체를 전하시고 조사와 조사가 은밀히 본심을 부탁하신 것이다. 가사는 다툼의 실마리가 되는 것이니 너에게서 그치고 전하지 말아라. 만일 이 가사를 전하면 목숨이 실에 달린 것과 같으리라. 너는 속히 떠나거라. 사람들이 너를 해칠까 두렵구나.」하시므로

내가「어느 곳으로 가면 좋겠습니까?」하였더니

「회(懷)를 만나면 머물고 회(會)를 만나면 숨어라.」

則藏하라 惠能이 三更에 領得衣鉢云호대 能은 本是
南中人이라 久不知此山路어니 如何出得江口리잇고
五祖가 言하사대 汝不須憂니 吾自送汝호리라
祖가 相送하야 直至九江驛邊하시니 有一隻船子라
祖令惠能으로 上船케하시고 五祖가 把艣自搖어시늘
惠能이 言호대 請和尙는 坐하소서 弟子가 合搖艣니이다

하셨다. 내가 삼경에 의발을 받아들고

「저는 본래 남쪽 사람이라서 이 산길을 잘 알지 못합니다. 어떻게 하여야 강가에까지 갈 수 있습니까?」 하였더니

「네가 걱정하지 않아도 된다. 내가 직접 너를 보내어 주겠노라.」하셨다.

조사가 배웅하시기 위해 구강나루에 이르시니 배가 한 척 있으므로 조사께서 나를 배에 오르게 하시고 직접 노를 잡고 저으시기에 내가

「청컨대 화상께서는 앉으십시오, 제자가 노를 젓겠습니다.」하였더니

五祖가 云하사대 合是吾渡汝니라
오조   운   합시오도여

能이 云호대 迷時엔 師度어니와 悟了엔 自度니 度名는
능   운   미시   사도   오료   자도   도명

雖一이나 用處는 不同이니이다
수일   용처   부동

惠能이 生在邊方하야 語音이 不正이나 蒙師傳法하야
혜능   생재변방   어음   부정   몽사전법

今已得悟니 只合自性自度니이다
금이득오   지합자성자도

祖가 云如是如是하다 以後에 佛法이 由汝大行하리라
조   운여시여시   이후   불법   유여대행

「내가 너를 건네어 주겠노라.」하시므로

「제가 미혹 했을때에는 스님께서 건네주셨지만 깨달고 나서는 스스로 건너는 것이 옳은가 합니다.

건넌다는 이름은 비록 하나이나 쓰는 곳은 같지 않습니다. 혜능이 변방에서 태어나 말조차 바르지 못하였는데 스님의 법을 받아 이제 깨달음을 얻었사오니 다만 자성으로 스스로 건너는 것이 합당할 것으로 압니다.」하였더니

조사가

「옳고도 옳도다.

이후에 불법이 너를 말미암아 크게 번성하겠구나.

汝去三年_에 吾方逝世_{호리니} 汝今好去_{하야} 努力向
여거삼년   오방서세   여금호기   노력향
南_{호대} 不宜速說_{이니} 佛法難起_{하리라}
남   불의속설   불법난기

能_이 辭違祖已_{하고} 發足南行_{하야} 兩月中間_에 至大
능   사위조이   발족남행   양월중간   지대
庾嶺_{하니} 逐後數百人_이 來_{하야} 欲奪衣鉢_{할새} 一僧
유령   축후수백인   래   욕탈의발   일승
_이 俗姓_은 陳_{이요} 名_은 惠明_{이니} 先是四品將軍_{이라}
    속성   진   명   혜명   선시사품장군
性行_이 麤慥_{하야} 極意參尋_{이러니} 爲衆人先_{하야} 趁及
성행   추조   극의참심   위중인선   진급

네가 가고 삼 년이 지나면 내가 바야흐로 세상을 버리리니 너는 이제 잘 가거라. 남으로 향하여 가되 마땅히 설하려고 서두르지 말아라. 불법의 난이 일어나느니라.」하셨다.

내가 조사와 하직하고 남쪽으로 걸어 두 달 반쯤이 지나 대유령에 이르렀을 때 뒤에서 수백 명이 의발을 빼앗으려고 쫓아왔다.

그 가운데 혜명이라는 스님이 속성이 진씨 이었는데 본래는 장군이라서 성질과 행동이 거칠고 사나웠다.

온갖 힘을 다하여 찾으며
대중들의 맨 앞에서 나를 쫓아 왔으므로

惠能ᵢ어늘 能ᵢ 擲下衣鉢於石上云호대 此衣는 表
혜능   능 척하의발어석상운   차의 표
信ᵢ니 可力爭耶아하고 能ᵢ 隱草莽中ᵢ러니 惠明ᵢ
신   가력쟁야   능 은초망중   혜명
至하야 提掇不動ᵢ어늘 乃喚云行者行者여 我爲法
지   제철부동   내환운행자행자   아위법
來요 不爲衣來니이다
래   불위의래
能ᵢ 遂出하야 坐盤石上하니 惠明ᵢ 作禮云호대 望
능 수출   좌반석상   혜명 작례운   망
行者는 爲我說法하소서
행자   위아설법

　　나는 의발을 바위 위에 올려놓고

　　「이 가사는 믿음의 표시인데 힘으로 다툴 수 있겠느냐?」하고는 풀 속에 숨어있었다.

　　혜명이 이르러서 잡아 당겼으나 움직이지 않자

　　큰 소리로

　　「행자여 행자여 나는 법을 위하여 온 것이지 가사 때문에 온 것이 아닙니다.」하므로

　　내가 나와서 반석 위에 앉으니

　　혜명이 절을 하고

　　「바라건대 행자는 나를 위하여 법을 설하여 주십시오..」하였다.

能이 云호대 汝旣爲法而來인댄 可屛息諸緣하야 勿
능이 운호대 여기위법이래   가병식제연   물
生一念하라 吾爲汝說호리라
생일념하라 오위여설호리라
良久에 謂明曰不思善하고 不思惡하라
양구 위명왈불사선   불사악
正與麽時에 那箇가 是明上座의 本來面目고 惠
정여마시 나개 시명상좌 본래면목 혜
明이 言下에 大悟하고 復問云호대 上來密語密意
명 언하 대오   부문운호대 상래밀어밀의
外에 還更有密意否잇가
외 환경유밀의부

해서 내가 말하기를

「그대는 이미 법을 위해 왔으므로 가히 모든 인연을 막아 쉬어서 한 생각도 내지 마십시오. 내가 그대를 위하여 설하겠습니다.」하고는

조금 있다가 혜명에게

「선도 생각지 말고 악도 생각하지 마십시오. 바로 이러할 때에 어떤 것이 명상좌의 본래 면목입니까?」하였더니

혜명이 그 말 아래에 크게 깨닫고 다시 묻기를

「처음의 조사 이래로 내려오는 비밀한 말씀과 비밀한 뜻 이외에 또 다시 비밀한 뜻이 있습니까?」하므로

能이 云與汝說者는 卽非密也니 汝若返照하면 密
在汝邊이니라
明이 曰 惠明이 雖在黃梅나 實未省自己面目이러니
今蒙指示호니 如人이 飮水에 冷暖을 自知라 今行
者는 卽惠明의 師也니이다 能이 曰汝若如是인댄 吾
與汝로 同師黃梅호리니 善自護持하라

내가 「그대에게 설한 것은 곧 비밀이 아닙니다. 그대가 만일 돌이켜 비추면 비밀이 그대의 곁에 있을 것입니다.」 하였더니 혜명이 말하기를

「혜명이 비록 황매에 있었으나 실로 자기의 면목을 살피지 못하였는데 이제 가르침을 받았으니 마치 사람이 물을 마셔 보아야 차가운지 더운지를 스스로 아는 것과 같습니다. 이제부터 행자께서는 혜명의 스승이십니다.」 하기에 내가 말하기를

「그대가 만일 이와 같다면 나와 그대는 함께 황매를 스승으로 삼은 바이니 깨달은 그 마음을 놓치지 말고 보호하여 지녀야 하느니라.」 하였다.

明이 又問호대 惠明은 今後에 向甚處去리잇고 能이
명 우문 혜명 금후 향심처거 능
曰逢袁則止하고 遇蒙則居하라 明이 禮辭하니라
왈봉원즉지 우몽즉거 명 예사
能이 後至曹溪하야 又被惡人의 尋逐하야 乃於四會
능 후지조계 우피악인 심축 내어사회
縣에 避難할새 獵人隊中에 凡經一十五載라
현 피난 엽인대중 범경일십오재
時與獵人으로 隨宜說法하다니 獵人이 常令守網하라하면
시여엽인 수의설법 엽인 상령수망
每見生命에 盡放之하고 每至飯時하야는 以菜로 寄
매견생명 진방지 매지반시 이채 기

혜명이 또 묻기를

「혜명은 이제 어느 곳으로 가야 되겠습니까?」하므로 내가 말하기를

「원(袁)을 만나면 머무르고 몽(蒙)을 만나면 그 곳에서 살아라.」하였더니 혜명이 절하고 하직하였느니라.

내가 뒤에 조계에 이르렀으나 또 나쁜 사람들에게 쫓기는 바가 되어서 사회현으로 피난하여 사냥을 하는 사람들 틈에서 무릇 15년을 지냈다.

때로는 사냥하는 사람들에게 마땅함을 따라 법을 설하였는데 사냥하는 사람들은 항상 그물을 지키게 하였으므로 살아 있는 놈만 보면 다 놓아주었으며 언제나

煮肉鍋라가 或이 問則對曰但喫肉邊菜호라
一日에 思惟호대 時當弘法이라 不可終遯이라하고 遂
出至廣州法性寺하야 値印宗法師의 講涅槃經이러니
時에 有風吹幡動이라
一僧은 云風動이라하고 一僧은 云幡動이라하야 議論이
不已어늘 能이 進曰不是風動이며 不是幡動이오

밥 먹을 때가 되면 채소를 고기 삶는 냄비 위에 얹어서 익혀 먹었는데 혹 누가 물으면

「고기 곁의 채소만 먹는다.」고 대답하였다.

하루는 생각하기를 마땅히 법을 펼 때가 되었으니 더 이상 숨어 있는 것은 옳지가 않겠다 싶어 산에서 나와 광주의 법성사에 이르렀는데 인종법사가 열반경을 강의하고 있는 중이었다.

그때 바람이 불어 깃발이 펄럭이니 한 스님이 말하기를 '바람이 움직인다'하시고 다른 스님은 '깃발이 움직인다'하시며 의논을 그치지 않으므로 내가 나아가서

「바람이 움직이는 것도 아니고 깃발이 움직이는 것

仁者의 心動이니라
인자 심동

一衆이 駭然이어늘 印宗이 延至上席하야 徵詰奧
일중 해연   인종   연지상석   징힐오

義할새 見能의 言簡理當하야 不由文字하고 宗이 云
의   견능   언간이당   불유문자   종   운

行者는 定非常人이라 久聞黃梅衣法이 南來러니 莫
행자 정비상인   구문황매의법   남래   막

是行者否아 能이 曰不敢이로라
시행자부 능   왈불감

宗이 於是에 執弟子禮하야 告請傳來衣鉢을 出示
종   어시 집제자체   고청전래의발   출시

도 아니며 그대들의 마음이 움직이는 것입니다.」하였더니

모여있는 대중들이 놀랐으며, 인종이 상석으로 맞아들여 깊은 뜻을 추궁하여 물었는데 나의 말이 간략하고 이치가 합당하며 문자에 말미암은 것이 아님을 보고 인종이 말하기를

「행자는 보통 사람이 아님이 틀림없습니다. 오래 전에 듣기를 황매의 가사와 법이 남쪽으로 왔다 하던데 행자님이 아니십니까?」하기에

내가「부끄럽습니다.」하였더니

인종이 제자의 예를 갖추며 전해져 내려오는 의발을

大衆하고 宗이 復問曰黃梅付囑이 如何指授니잇가
能이 曰指授卽無라 唯論見性이오 不論禪定解脫이니라
宗이 曰何不論禪定解脫이니잇고 謂曰爲是二法이라
不是佛法이니 佛法은 是不二之法이니라
宗이 又問如何是佛法不二之法이니잇고 能이 曰法
師가 講涅槃經하야 明見佛性이 是佛法不二之

대중에게 내어 보이기를 청하고는 다시 묻기를

「황매께서 부촉 하시면서 어떻게 가르쳐 주셨습니까?」하기에 내가 말하기를 「가르쳐 주신 것은 없습니다. 오직 견성만을 의논하였을 뿐 선정과 해탈은 의논하지 않았습니다.」하였더니,

인종이 「어찌하여 선정과 해탈을 의논하시지 않았습니까?」하므로

「그렇게되면 두 가지 법이 되어 불법이 아닙니다. 불법은 두 가지 법이 아닙니다.」하였다.

인종이 다시 묻기를 「어떤 것이 불법의 둘이 아닌 도리입니까?」하므로 내가 말하기를

法이니 如涅槃經에 高貴德王菩薩이 白佛言하사대
법   여열반경   고귀덕왕보살   백불언

犯四重禁과 作五逆罪와 及一闡提等이 當斷善根
범사중금   작오역죄   급일천제등   당단선근

佛性否이까 佛言하사대 善根이 有二하니 一者는 常이오
불성부   불언   선근 유이   일자   상

二者는 無常이니 佛性은 非常非無常일새 是故로 不
이자   무상   불성   비상비무상   시고   부

斷이 名爲不二며 一者는 善이요
단   명위불이   일자   선

二者는 不善이니 佛性은 非善非不善일새 是名不
이자   불선   불성   비선비불선   시명불

「법사께서 열반경을 강의하시여 밝게 불성을 보는 것이 불법의 둘 아닌 도리입니다. 열반경에서 고귀덕왕보살이 부처님께 말씀드리기를 '사중금계(살생, 투도, 사음, 망어)를 범한 자와 오역죄를 지은 자와 일천제(선근이 아주 끊어진 자) 들은 마땅히 선근과 불성을 끊은 것이옵니까?' 하였더니 부처님께서 말씀하시기를 '선근에는 둘이 있는데 하나는 상(常)이요. 둘은 무상(無常)인데 불성은 상도 아니고 무상도 아니다. 그러므로 끊어지지 않는 것을 이름하여 둘이 아니다 하시며, 하나는 선한 것이고 둘은 선하지 않는 것인데 불성은 선한 것도 아니고 선하지 않은 것도 아니므로

二라하시니 蘊之與界를 凡夫는 見二어니와 智者는 了
達其性이 無二니 無二之性이 卽是佛性이니라
印宗이 聞說하고 歡喜合掌言호대 某甲의 講經은 猶
如瓦礫이오 仁者의 論義는 猶如眞金이니이다
於是에 爲能剃髮하고 願事爲師어늘 能이 遂於菩提
樹下에 開東山法門호라

이름하여 둘이 아니니라.' 하셨습니다. 오온과 십 팔계 (6근·6경·6식)를 범부는 둘로 보지만 지혜 있는 사람은 그 성품이 둘이 아닌 줄을 꿰뚫어 아나니 둘 없는 성품이 곧 불성입니다.」라고 하였다.

인종이 이 말을 듣고 매우 기뻐서 합장하며 말하기를 「제가 경을 강의하는 것은 오히려 깨진 기와 조각과 같은데 인자께서 논의하시는 것은 마치 순금과 같습니다.」하였느니라.

이에 나의 머리를 깎아주고 스승으로 섬기기를 원하였으므로 내가 마침내 보리수 아래에서 동산법문을 열게 된 것이니라.

能이 於東山에 得法하고 辛苦受盡하야 命似懸絲러니
今日에 得與史君官僚와 僧尼道俗으로 同此一
會하니 莫非累劫之因이요
亦是過去生中에 供養諸佛하야 同種善根일새 方始
得聞如上頓教得法之因이니 教是先聖의 所傳이요
不是惠能의 自智니 願聞先聖教者는 各令淨心하야

　내가 동산에서 법을 얻고 나서 갖은 고생을 모두 받아 목숨이 마치 실낱과 같았는데 오늘날 위 사군과 관료들과 비구와 비구니와 도를 닦는 사람과 세속의 사람들과 더불어 이와 같은 모임을 함께 하게 되었으니 누 겁의 인연이 아닐 수 없구나.

　또한 과거 생 가운데에 모든 부처님께 공양하여 같은 선근을 심었기 때문에 비로소 이와 같은 돈교와 법 얻은 인연을 듣게 된 것이리라.

　가르침은 옛 성현들께서 전하신 것이지 나의 지혜가 아니다.

　옛 성현의 가르침을 듣고 싶은 사람은 각자 마음을

聞了코 各自除疑하야 如先代聖人無別이니라.
문료 각자제의   여선대성인무별

一衆이 聞法하고 歡喜作禮而退하니라.
일중 문법   환희작례이퇴

깨끗이 하고 듣고 나서는 각자가 궁금함을 없애어 옛 성인과 다름이 없게 하여야 하느니라.」

 대중들이 법을 듣고 매우 기뻐하며 절하고 물러갔다.

第二 般若品
제이 반야품

次日에 韋使君이 請益한대 師陞座하사 告大衆曰
차일 위사군   청익   사승좌   고대중왈
總淨心하고 念摩訶般若波羅密多하라 復云 善知
총정심   염마하반야바라밀다   부운 선지
識아 菩提般若之智는 本自有之언마는 只緣心迷하야
식   보리반야지지   본자유지   지연심미
不能自悟하나니 須假大善知識의 示導見性이니라
불능자오   수가대선지식   시도견성

제이. 반야품

다음날 위사군이 다시 청하므로 대사께서 자리에 오르셔서 대중들에게 말씀하셨다.

"모두 다 마음을 깨끗이하고 마하반야바라밀다를 생각하여라"하시며 다시 말씀하셨다.

대사가 다시 대중에게 말씀하셨다.

"선지식아! 보리반야의 지혜는 본래 스스로 있는 것인데, 다만 마음이 미혹하기 때문에 스스로 깨닫지 못하는 것이니 모름지기 큰 선지식의 가르침과 인도를 받아서 자성을 보게 되느니라.

當知하라 愚人智人의 佛性이 本無差別이언마는 只緣
迷悟不同일새 所以로 有愚有智니 吾今爲說摩訶
般若波羅蜜法하야 使汝等으로 各得智慧케호리니 志
心諦聽하라 吾爲汝說호리라 善知識아 世人이 終日
口念般若호대 不識自性般若가 猶如說食不飽니
口但說空하면 萬劫에도 不得見性하야 終無有益이니라

   마땅히 알아라. 어리석은 사람이나 지혜 있는 사람이나 불성은 본래 차별이 없는데 다만 미혹함과 깨달음이 같지 않느니라. 이 때문에 어리석음이 있고 지혜로움이 있는 것이니라. 내가 이제 마하 반야 바라밀 법을 설하여 너희로 하여금 각각 지혜를 얻게 하리니 지극한 마음으로 자세히 들어라. 내가 너희를 위해 설하리라.

   선지식아! 세상사람들이 온종일 입으로는 반야를 말하지만 자성의 반야를 알지 못하니 마치 밥 먹는 것을 이야기로만 하면 배는 부르지 않는 것과 같으니라.

   입으로만 공을 말한다면 만겁이 지나더라도 견성 할 수 없으니 결국은 아무 이익도 없느니라.

善知識아 摩訶般若波羅蜜은 是梵語어든 此言에
大智慧到彼岸이라 此須心行이요 不在口念이니 口
念心不行하면 如幻如化하며 如露如電이오 口念心
行하면 則心口相應하야 本性이 是佛이니 離性無別
佛이니라 何名摩訶오 摩訶는 是大니 心量이 廣大하야
猶如虛空하야 無有邊畔하며 亦無方圓大小하며 亦

　선지식아! 〈마하 반야바라밀〉은 범어인데 여기 말로는 큰 지혜로 피안에 이르렀다는 뜻이다.

　이는 모름지기 마음으로 행할 것이지 입으로 외우는 데 있지 않느니라. 입으로 외우고 마음으로 행하지 아니하면 환(幻)과 같고 화(化)같으며 이슬 같고 번개같으니라. 입으로 외우고 마음으로 행하면 곧 마음과 입이 서로 응할 것이다.

　본성이 곧 부처이므로 성품을 떠나서 따로 부처가 없느니라. 어떤 것을 〈마하〉라 하는가 하면 마하는 곧 크다는 뜻이다. 마음의 양은 크고 넓어서 마치 허공과 같아, 끝이나 가가 없으며 모나거나 둥글거나 크거나

非靑黃赤白이며 亦無上下長短하며 亦無瞋無喜하며
비 청 황 적 백   역 무 상 하 장 단   역 무 진 무 희

無是無非하며 無善無惡하며 無有頭尾라
무 시 무 비   무 선 무 악   무 유 두 미

諸佛刹土가 盡同虛空이니 世人의 妙性이 本空하야
제 불 찰 토   진 동 허 공   세 인   묘 성   본 공

無有一法可得이니 自性眞空도 亦復如是하니라
무 유 일 법 가 득   자 성 진 공   역 부 여 시

善知識아 莫聞吾說空하고 便卽着空이니 第一莫着
선 지 식   막 문 오 설 공   변 즉 착 공   제 일 막 착

空이어다 若空心靜坐하면 卽着無記空이니라
공   약 공 심 정 좌   즉 착 무 기 공

작지 않으며, 또 푸르거나 누렇거나 붉거나 희지도 않으며, 위와 아래와 길거나 짧은 것이 없으며
또한 성낼 것도 기쁠 것도 없으며 옳은 것도 그른 것도 없으며, 선한 것도 악한 것도 없으며, 머리나 꼬리가 있는 것도 아님이라. 모든 부처님의 국토는 다 허공과 같음이니 세상 사람들의 묘한 성품은 본래 공(空) 하여서 한 가지도 얻을 게 없으니 자성의 진공(眞空)도 역시 이와 같으니라.

선지식아! 내가 설한 〈공〉을 듣고 공에 집착해서는 안되니 제일 먼저 공에 걸리지 말아라.

만일 마음을 비우고 고요히 앉아 있기만 하면 곧 무

善知識아 世界虛空이 能含萬物色像이라
선지식　세계허공　　능함만물색상
日月星宿와 山河大地와 泉源谿澗과 草木叢林과
일월성수　　산하대지　　천원계간　　초목총림
惡人善人과 惡法善法과 天堂地獄과 一切大海와
악인선인　　악법선법　　천당지옥　　일체대해
須彌諸山이 總在空中하니 世人性空도 亦復如是
수미제산　　총재공중　　　세인성공　　역부여시
하니라 善知識아 自性이 能含萬法이 是大라 萬法이
　　　　선지식　　자성　　능함만법　　시대　　만법
在諸人性中하니 若見一切人의 惡之與善하야도 盡
재제인성중　　　약견일체인　　악지여선　　　　진

기공(無記空)에 떨어지느니라.

선지식아!

세계의 허공이 삼라만상을 다 가질 수 있어서 해와 달과 별과 산과 강과 대지와 샘과 개울과 풀과 나무와 숲과 악인과 선인과 악법과 좋은 법과 천당과 지옥과 일체의 큰 바다와 수미산을 비롯한 모든 산들이 모두 다 이 허공 중에 있다. 세상사람들의 성품이 〈공〉한 것도 역시 이와 같으니라.

선지식아! 자성은 능히 만법을 머금을 수 있으므로 큰 것이다. 만법이 모든 사람의 성품 가운데 있으니 만일 모든 사람들의 악과 선을 보더라도 모두 다 취하지

皆不取不捨하며 亦不染着하야 心如虛空을 名之爲
개불취불사   역불염착   심여허공   명지위
大라 故로 曰摩訶니라
대   고   왈마하
善知識아 迷人이 口說하고 智者는 心行이니라
선지식   미인   구설   지자   심행
又有迷人이 空心靜坐하야 百無所思하야 自稱爲大
우유미인   공심정좌   백무소사   자칭위대
하나니 此一輩人은 不可與語니 爲邪見故니라
       차일배인   불가여어   위사견고
善知識아 心量은 廣大하야 遍周法界하야 用卽了了
선지식   심량   광대   변주법계   용즉요료

않고 버리지도 않으며 또 물들거나 집착하지도 아니하여 마음이 허공과 같음을 이름하여 크다고 한다. 그러므로 〈마하〉라 하느니라.

선지식아! 미혹한 사람은 입으로만 말하고 지혜 있는 사람은 마음으로 행하느니라.

또 어떤 미혹한 사람은 마음을 비우고 고요히 앉아서 백가지 생각을 없앤 것으로 스스로를 크다고 말하지만 이런 사람들과는 함께 말할 것이 못된다. 왜냐하면 삿된 소견이 있기 때문이다.

선지식아! 마음의 크기는 넓고 커서 법계에 두루 하며 그 작용이 아주 분명하니

分明하야 應用에 便知一切하야 一切卽一이며 一卽
분명하야 응용 편지일체   일체즉일   일즉
一切라 去來自由하야 心體無滯가 卽是般若니라
일체 거래자유   심체무체 즉시반야
善知識아 一切般若智가 皆從自性而生이오 不從
선지식 일체반야지 개종자성이생   부종
外入이니 莫錯用意를 名爲眞性自用이라
외입   막착용의 명위진성자용
一眞에 一切眞이니 心量大事하고 不行小道하야 口
일진 일체진   심량대사   불행소도   구
莫終日說空하고 心中에 不修此行이니 恰似凡人이
막종일설공   심중 불수차행   흡사범인

그 쓰임새에 바로 일체를 알며 일체가 곧 하나고 하나가 곧 일체여서 가고 오는 것이 자유롭고 마음자리에 막힘이 없는 것이 곧 반야이니라.

선지식아! 일체의 반야지혜는 모두 다 자성으로부터 생기는 것이지 밖에서 들어오는 것이 아니다.

뜻을 그릇되게 쓰지 않는 것을 참된 성품을 스스로 쓰는 것이라 한다.

하나가 참되면 일체가 참 되느니라.

마음으로 큰 일만 헤아리거 작은 도라도 행하지 아니하면서 입으로 종일토록 공을 말하지 말라. 마음으로 이 행을 닦지 않으면 마치 범부가 스스로는 국왕이

自稱國王(자칭국왕)이나 終不可得(종불가득)이라 非吾弟子(비오제자)니라
善知識(선지식)아 何名般若(하명반야)오 般若者(반야자) 唐言(당언) 智慧也(지혜야)니 一切處所(일체처소)와 一切時中(일체시중)에 念念不愚(염념불우)하야 常行智慧(상행지혜) 卽是般若行(즉시반야행)이니 一念(일념)이 愚(우)하면 卽般若絶(즉반야절)이오 一念(일념) 智(지)하면 卽般若生(즉반야생)이어늘 世人(세인)이 愚迷(우미)하야 不見般若(불견반야)일새 口說般若(구설반야)호대 心中常愚(심중상우)하야 常自言(상자언) 我修般若(아수반야)라하야

라 칭하지만 그렇게 될 수가 없는 것과 같으니 이런 사람은 나의 제자가 아니니라.

　선지식아! 무엇을 〈반야〉라 하느냐?

　반야는 당나라 말로 지혜이며 어느 곳 어느 때라도 생각 생각이 어리석지 아니하여 항상 지혜롭게 행하는 것이 곧 반야행이다.

　한 생각이 어리석으면 곧 반야가 끊어지고 한 생각이 지혜로우면 곧 반야가 생겨나는 것이니라.

　세상사람들이 어리석고 미혹하여 반야를 보지 못하므로 입으로만 반야를 말하고 마음속은 언제나 어리석어 항상 스스로 말하기를 「나는 반야를 닦는다.」하며

念念說空호대 不識眞空하나니 般若는 無形相이라 智慧心이 即是니 若作如是解하면 即名般若智니라
何名波羅蜜고 此是西國語어든 唐言에 到彼岸이니
解義하면 離生滅이라 著境生滅起하야 如水有波浪이
即名爲此岸이요 離境無生滅하야 如水常通流가 即
名爲彼岸이니 故號波羅蜜이니라

생각 생각에 공을 말하지만 진공(眞空)은 알지 못하느니라. 반야는 형상이 없으며 지혜로운 마음이 곧 이것이다. 만일 이와 같이 이해를 하면 이것이 곧 반야지혜라 하느니라.

어떤 것을 〈바라밀〉이라고 이름하느냐? 이것은 서국의 말인데 당나라 말로 하면 저 언덕에 이른다 는 말이고 생멸을 떠난다는 뜻이니라.

경계에 집착하면 생멸이 일어나나니 물에 물결이 있는 것과 같은 이것이 곧 이 언덕이고, 경계를 여의면 생멸이 없어지므로 물이 잠잠함이 곧 저 언덕이라 하나니, 그러므로 바라밀이라 한다.

善知識아 迷人은 口念이라 當念之時에 有妄有非
어니와 念念若行하면 是名眞性이니 悟此法者 是般
若法이오 修此行者는 是般若行이라
不修하면 卽凡이요 一念修行하면 自身等佛이니라
善知識아 凡夫卽佛이요 煩惱가 卽菩提 前念이 迷
하면 卽凡夫요 後念이 悟하면 卽佛이며 前念이 着

선지식아!

미혹한 사람은 입으로 외우는지라 외울 때는 망령됨이 있고 그릇됨이 있지만 생각 생각에 만일 행을 하면 이것이 참된 성품이니라.

이 법을 깨닫는 것이 곧 반야법이요, 이 행을 닦는 것이 곧 반야행이니라.

닦지 않으면 범부요 일념으로 수행하면 자신들이 부처님이니라.

선지식아! 범부가 곧 부처님이며 번뇌가 곧 보리니 앞생각이 미혹하면 곧 범부요. 뒷생각을 깨달으면 곧 부처님이다. 앞생각이 경계에 집착하면 곧 번뇌고 뒷

境하면 卽煩惱요 後念이 離境하면 卽菩提니라
경   즉번뇌   후념   이경   즉보리

善知識아 摩訶般若波羅蜜이 最尊最上最第一이니
선지식   마하반야바라밀   최존최상최제일

無住無往하며 亦無來하야 三世諸佛이 皆從中出이라
무주무왕   역무래   삼세제불   개종중출

當用大智慧하야 打破五蘊煩惱塵勞니 如此修行
당용대지혜   타파오온번뇌진로   여차수행

하면 定成佛道하야 變三毒爲戒定惠니라
     정성불도   변삼독위계정혜

善知識아 我此法門은 從一般若하야 生八萬四千
선지식   아차법문   종일반야   생팔만사천

생각이 경계를 여의면 곧 보리니라.

선지식아! 마하 반야바라밀이 가장 높고 가장 위이며 가장 으뜸이다.

머무름도 없고 지나가는 것도 없으며 또 오는 것도 없어서

삼세제불(三世諸佛)이 다 여기에서 나오느니라.

마땅히 큰 지혜를 써서 오온의 번뇌와 망상을 타파하여라. 이와 같이 수행하면 반드시 불도를 이루며 삼독이 변하여 계·정·혜가 되리라.

선지식아!

나의 이 법문은 하나의 반야에서 팔만 사천의 지혜

智慧니 何以故오 爲世人이 有八萬四千塵勞일새니
지혜 하이고 위세인 유팔만사천진로

若無塵勞하면 智慧常現하야 不離自性이니 悟此法
약무진로 지혜상현 불이자성 오차법

者는 卽是無念無憶無着하야 不起誑妄하고 用自眞
자 즉시무념무억무착 불기광망 용자진

如性하야 以智慧觀照하야 於一切法에 不取不捨니
여성 이지혜관조 어일체법 불취불사

卽是見性成佛道니라
즉시견성성불도

善知識아 若欲入甚深法界와 及般若三昧者인댄
선지식 약욕입심심법계 급반야삼매자

를 내는데 무슨 까닭인가 하면, 세상사람들에게 팔만 사천의 번뇌가 있기 때문이니라.

만일 번뇌가 없으면 지혜가 항상 나타나서 자성을 여의지 않을 것이다.

이 법을 깨닫는 자는 곧 생각도 없고 기억도 없고 집착함도 없어서 미친 망령을 일으키지 아니하며 자기의 진여성(참되고 참된 성품)을 쓰므로 지혜로써 미루어 보아 일체 법을 취하지도 않고 버리지도 않을 것이다.

이것이 견성하여 불도를 이루는 것이다.

선지식아!

만일 매우 깊은 법계와 반야삼매에 들고자하면 모름

須修般若行하야 持誦金剛般若經하면 卽得見性이니
수수반야행   지송금강반야경   즉득견성
當知此功德이 無量無邊이라 經中에 分明讚歎하야
당지차공덕   무량무변   경중   분명찬탄
莫能具說이로다
막능구설
此法門은 是最上乘이니 爲大智人說이며 爲上根人
차법문   시최상승   위대지인설   위상근인
說이라 小根小智人이 聞하면 心生不信이니 何以
설   소근소지인   문   심생불신   하이
故오 譬如大龍이 下雨於閻浮提하면 城邑聚落이
고   비여대룡   하우어염부제   성읍취락

지기 반야행을 닦고 금강반야경을 지니고 외워야 되느 니라. 그러면 견성할 것이다.

마땅히 알아라.

이 공덕이 한량없고 끝없다는 것을 경 가운데에서 분명히 찬탄하였는데 말로써는 다할 수가 없느니라.

이 법문은 곧 최상승이고 큰 지혜가 있는 사람을 위하여 설한 것이며 근기가 높은 사람을 위하여 설한 것이라

근기가 낮고 지혜가 얕은 사람이 들으면 믿지 않는 마음이 생기리라.

왜냐하면 비유하건대, 큰 용이 염부제에 비를 내리면

悉皆漂流하야 如漂棗葉이어니와 若雨大海하면 不增
실개표류 여표조엽   약우대해 부증
不減이라 若大乘人과 若最上乘人이 聞說金剛經
불감   약대승인   약최상승인 문설금강경
하면 心開悟解라 故知本性에 自有般若之智니 自
   심개오해 고지본성   자유반야지지   자
用智慧하야 常觀照故로 不假文字니라
용지혜   상관조고 불가문자
譬如雨水가 不從天有라 元是龍能興致하야 令一
비여우수 부종천유 원시용능흥치   영일
切衆生과 一切草木으로 有情無情이 悉皆蒙潤하고
체중생 일체초목   유정무정 실개몽윤

  도시와 마을이 모두 다 떠내려가는 것이 대추나뭇잎이 떠내려가는 것과 같지만 만일 큰 바다에 비를 내리면 늘어나지도 않고 줄어들지도 않는 것과 같으니라.

  만일 대승인과 최상승인이 금강경을 들으면 마음이 열리어 깨닫느니라.

  그러므로 본성에는 원래 반야의 지혜가 있으며 스스로 지혜를 써서 항상 관조하므로 문자를 빌리지 않는 것임을 아느니라.

  비유하건대 비와 물이 하늘에 있었던 것이 아니라, 원래 용이 일으켜서 일체 중생과 일체 초목과 유정과 무정들을 모두 다 윤택하게 하고,

百川衆流가 却入大海에 合爲一體인달하야 衆生本
백천중류　각입대해　합위일체　　　　중생본
性의 般若之智도 亦復如是하니라
성　반야지지　역부여시

善知識아 小根之人이 聞此頓敎하면 猶如草木의
선지식　소근지인　문차돈교　　　유여초목
根性小者가 若被大雨하면 悉皆自倒하야 不能增長
근성소자　약피대우　　실개자도　　불능증장
인달하야 小根之人도 亦復如是하야 元有般若之智가
　　　　소근지인　역부여시　　　원유반야지지
與大智人으로 更無差別이언마는 因何聞法에 不自
여대지인　　갱무차별　　　　인하문법　부자

백 가지의 강으로 흐르다가

마침내는 큰 바다에 들어가 하나로 합쳐지는 것과 같이 중생의 본성인 반야의 지혜도 또한 이와 같으니라.

　선지식아!

　근기가 낮은 사람이

이 돈교를 들으면 뿌리가 약한 작은 초목이 만약 큰비를 만나게 되면 뿌리가 뽑히고

　뒤집혀져서 자랄 수 없게 되는 것과 같으니라.

　근기가 낮은 사람도 역시 이와 같이 원래 반야의 지혜가 있으며 지혜가 큰 사람과 차별이 없는데

어찌하여 법을 듣고도 스스로 깨닫지 못하는가하면 삿

開悟_오. 緣邪見障重_{하고} 煩惱根深_{이니} 猶如大雲_이
覆蓋於日_에 不得風吹_{하면} 日光_이 不現_{이니라}
般若之智_도 亦無大小_{언마는} 爲一切衆生_이 自心_에
迷悟_가 不同_{하야} 迷心外見_{하야} 修行覓佛_{하고} 未悟
自性_{일새} 卽是小根_{이니} 若開悟頓敎_{하야} 不執外修
_{하고} 但於自心_에 常起正見_{하야} 煩惱塵勞_가 常不能

된 소견으로 업장이 무겁고 번뇌의 뿌리가 깊기 때문인데 마치 큰 구름이 해를 가릴 때 바람이 불지 않으면 햇빛이 나타나지 않는 것과 같으니라.

반야의 지혜도 역시 크거나 작은 것이 없는데 일체의 중생이 자신의 마음에 미혹함과 깨달음이 같지 않기 때문에 마음이 미혹하여 밖으로만 보고 닦으며 부처를 찾으려 할 뿐 자성을 깨닫지 못하나니 이것은 곧 근기가 낮기 때문이니라.

만일 돈교를 깨달아서 밖으로 닦는 것을 고집하지 않고 자신의 마음에 항상 정견을 일으켜서 번뇌와 세속 일에 대한 괴로움이 항상 물들지 못하게 하면

染하면 卽是見性이니라
善知識아 內外不住하고 去來自由하야 能除執心하야
通達無碍니 能修此行하면 與般若經으로 本無差別이니라
善知識아 一切修多羅와 及諸文字인 大小二乘의 十二部經이 皆因人置라 因智慧性하야 方能建

이것이 곧 견성이니라.

선지식아!

안과 밖에 머무르지 말고 가고 옴이 자유로와 집착하는 마음을 버리면 일체에 통달하여 걸림이 없으며, 능히 이 행을 닦으면 반야경과 더불어 본래 차별이 없느니라.

선지식아!

일체의 수다라와 문자로 되어있는 대·소 이승의 십이부경이 모두 다 사람으로 말미암아 있는 것이며 지혜의 성품으로 말미암아 비로소 세워진 것이니 만일 세상 사람이 없다면 일체 만법이 본

立립이니 若無世人약무세인이면 一切萬法일체만법이 本自不有본자불유라 故知고지
萬法만법이 本自人興본자인흥이며 一切經書일체경서가 因人說有인인설유니 緣연
其人中기인중에 有愚有智유우유지하야 愚爲小人우위소인하고 智爲大人지위대인이라
愚者우자는 問於智人문어지인하고 智者지자는 與愚人說法여우인설법하나니 愚우
人인이 忽然悟解心開홀연오해심개하면 卽與智人즉여지인으로 無別무별이니라
善知識선지식아 不悟불오하면 卽佛즉불 是衆生시중생이요 一念悟時일념오시에

래 있는 것이 아니니라 그러므로 알아라.

만법은 본래 사람으로부터 일어난 것이며 일체의 경서는 사람이 설하므로 있는 것이니라.

그 사람을 인연하는 가운데에 어리석음이 있고 지혜로움이 있어서 어리석음을 소인이라 하고 지혜로움을 대인이라 하느니라.

어리석은 사람은 지혜로운 사람에게 묻고 지혜로운 사람은 어리석은 사람에게 법을 설하느니라.

어리석은 사람이 홀연히 깨달아서 마음이 열리면 곧 지혜 있는 사람과 다름이 없느니라.

선지식아! 깨닫지 못하면 부처님이 곧 중생이요, 한

衆生 是佛이라 故知萬法이 盡在自心이니 何不從自心中하야 頓見眞如本性고 菩薩戒經에 云我本元自性이 淸淨이니 若識自心見性하면 皆成佛道라하며 淨名經에 云卽時豁然하면 還得本心이라하시니라 善知識아 我於忍和尙處에 一聞하고 言下便悟하야 頓見眞如本性일새 是以로 將此敎法流行하야 令學

순간 깨달으면 중생이 곧 부처님이니라.

그러므로 알아라. 만법이 다 자신의 마음에 있는 것인데 어찌하여 자신의 마음 가운데로부터 몰록 진여의 본성을 보지 못하는가? 보살계경에 말씀하시기를

「나의 본원 자성은 원래 청정하니 만일 자기의 마음을 알아서 자기의 성품을 보면 모두 다 불도를 이룬다.」하였으며

정명경에서는 「즉시에 확 트이면 다시 본심을 얻는다.」하였느니라.

선지식아! 내가 홍인화상이 계신 곳에서 한번 듣고 말씀 아래에 문득 깨달아서 몰록 진여의 본성을 보았

道者 頓悟菩提하야 各自觀心하야 自見本性케하노니
若自不悟인댄 須覓大善知識解最上乘法者 直示
正路니 是善知識은 有大因緣이라
所謂化導하야 令得見性이니 一切善法이 因善知識
하야 能發起故라 三世諸佛의 十二部經이 在人性
中하야 本自具有언마는 不能自悟일새 須求善知識의

기에 이 교법을 널리 펴서 도를 배우는 이들로 하여금 단번에 보리를 깨달아서 각자 스스로 마음을 살피고 스스로 본성을 보게 하려 하는데 만일 스스로 깨닫지 못하거든 모름지기 최상승법을 이해하는 큰 선지식을 찾는 것이 바른 길을 봄이니 이 선지식이 큰 인연 있음이라.

 이른바 교화하고 인도해서 견성을 얻게 하는데 일체 선법이 선지식으로 인하여 일어나기 때문이니라.

 삼세제불의 십이부경이 사람의 성품 가운데에 있으며 본래 스스로 갖춰 있건마는 스스로 깨닫지 못하기 때문에 모름지기 선지식의 가르침을 구하여야 바야흐

指示하야사 方見이어니와 若自悟者 不假外求니라
지시   방견   약 자 오 자 불 가 외 구
若一向執謂호대 須要他善知識하야 望得解脫者는
약 일 향 집 위   수 요 타 선 지 식   망 득 해 탈 자
無有是處니 何以故오
무 유 시 처 하 이 고
自心內에 有知識自悟니 若起邪迷하야 妄念顚倒
자 심 내   유 지 식 자 오   약 기 사 미   망 념 전 도
하면 外善知識이 雖有敎授나 救不可得이어니와 若起
     외 선 지 식   수 유 교 수   구 불 가 득   약 기
正眞般若觀照하면 一刹那間에 妄念이 俱滅이니
정 진 반 야 관 조   일 찰 나 간   망 념   구 멸

  로 보게 되느니라.

  만일 스스로 깨닫는 자는 밖으로 구함을 빌리지 않느니라.

  만일 한쪽만 고집하며 모름지기 다른 선지식을 의지하여 해탈을 얻음을 희망하는 것은 옳지 않다.

  왜냐하면 자기의 마음 안에 선지식이 있어서 스스로 깨닫는 것인데 만일 삿된 미혹을 일으켜서 망령된 생각으로 전도 되면 밖의 선지식이 비록 가르쳐주더라도 구원되지 못하리라.

  만일 바르고 참된 반야를 일으켜 관조하면 한 찰나 사이에 헛된 생각이 모두 다 없어질 것이며

若識自性一悟하면 即至佛地하리라
약 식 자 성 일 오   즉 지 불 지

善知識아 智慧觀照하면 內外明徹하야 識自本心이니
선 지 식   지 혜 관 조   내 외 명 철   식 자 본 심

若識本心하면 即本解脫이오 若得解脫하면 即是般
약 식 본 심   즉 본 해 탈   약 득 해 탈   즉 시 반

若三昧며 即是無念이니라
야 삼 매   즉 시 무 념

何名無念고 若見一切法하야도 心不染著이 是爲無
하 명 무 념   약 견 일 체 법   심 불 염 착   시 위 무

念이니 用即遍一切處호대 亦不著一切處하고 但淨
념   용 즉 편 일 체 처   역 불 착 일 체 처   단 정

만일 자성을 알아서 한번 깨달으면 곧 부처님의 자리에 이르느니라.

선지식아!

지혜로 관조하면 안과 밖이 분명하게 통하여 자기의 본심을 알게 된다.

만일 본심을 알면 본래 해탈이요, 만일 해탈을 얻으면 이것이 곧 반야삼매이며 무념(無念)이니라.

무엇을 무념이라 하는가 하면 일체법을 보더라도 마음이 물들거나 집착하지 않는 이것을 무념이라 하느니라.

작용하여 일체처에 두루 하되 일체처에 집착하지 않

本心하야 使六識으로 出六門호대 於六塵中에 無染無雜하야 來去自由하야 通用無滯가 即是般若三昧며 自在解脫이니 名無念行이어니와 若百物을 不思하야 當令念絶인댄 即是法縛이라 即名邊見이니 善知識아 悟無念法者는 萬法盡通하며 悟無念法者는 見諸佛境界하며 悟無念法者는 至佛地位니라

고 다만, 본심을 깨끗이 하여 육식으로 하여금 육문(육근)을 나오더라도

육진 가운데 물들지 않고 섞이지 않아 오고 감이 자유롭고 통용에 막힘이 없는 이것이 곧 반야삼매며 자재해탈이고 무념행이라 이름하느니라.

만일 백가지를 생각하지 아니하여 생각으로 끊으려 하면 이것은 법에 얽히는 것이라서 변견(극단으로 치우쳐 집착하는 견해)이라 하느니라.

선지식아! 무념법을 깨닫는 자는 만법이 다 통하며, 무념법을 깨닫는 자는 모든 부처님의 경계를 보며, 무념법을 깨닫는 자는 부처님의 지위에 이르느니라.

善知識아 後代에 得吾法者가 將此頓敎法門하야
선지식   후대   득오법자   장차돈교법문
於同見同行에 發願受持호대 如事佛故로 終身而
어동견동행   발원수지   여사불고   종신이
不退者는 定入聖位하리라
불퇴자   정입성위
然이나 須傳授從上已來로 默傳分付하야 不得匿其
연   수전수종상이래   묵전분부   불득익기
正法이니 若不 同見同行이오
정법   약부 동견동행
在別法中인댄 不得傳付니라 損彼前人하야 究竟無
재별법중   부득전부   손피전인   구경무

선지식아!

후대에 나의 법을 얻은 자가 이 돈교 법문을 가지고 견해가 같아서 같은 행을 하는 사람에게 받아 지니도록 원을 세워 부처님 섬기는 것 같이 하며 몸이 다하도록 물러나지 않으면 반드시 성인의 지위에 들리라.

그러나 위로부터 묵묵히 전해 내려오는 분부를 다시 전해 주어서

그 정법을 숨기지 말아야 하겠지만 견해가 같지 않고 행이 같지 않는 다른 법에 있는 자에게는 당부하며 전하지 말아라.

그 앞에 있는 사람을 해치어 결국은 이익이 없을 것

益ㅣ니 恐愚人이 不解하고 謗此法門하야 百劫千生
斷佛種性일까하노라
善知識아 吾有一無相頌호니 各須誦取하야 在家出
家에 但依此修어다 若不自修하고 惟記吾言하면 亦
無有益이니라 聽吾頌하라 曰
　　說通及心通이여　　如日處虛空하니

이며, 어리석은 사람이 이해하지 못하고 이 법문을 비방하여 백겁 천생에 부처님 될 성품을 끊을까 두렵기 때문이니라.

선지식아!

내게 무상송이 하나 있으니 각자 외워 지니어

재가인이거나 출가인이거나 이것을 의지하여 닦아라. 만일 스스로 닦지 않고 나의 말만 기억하면 이익이 없을 것이니라.

나의 게송을 들어라."

　말로 통하고 마음이 통함이여
　태양이 허공에 있는 것과 같으니

唯傳見性法하야 出世破邪宗이로다
유전견성법　　　　출세파사종

法卽無頓漸이언마는 迷悟가 有遲疾이니
법즉무돈점　　　　　미오　유지질

只此見性門을 愚人이 不可悉이로다
지차견성문　　우인　불가실

說卽雖萬般이나 合理에 還歸一이니
설즉수만반　　　합리　환귀일

煩惱暗宅中에 常須生慧日이어다
번뇌암택중　　상수생혜일

邪來에 煩惱至요 正來에 煩惱除니
사래　번뇌지　　정래　번뇌제

오직 견성하는 법만 전하여

출세토록 삿된 가르침을 쳐부수도다.

법은 곧 돈과 점이 없건마는

미(迷)와 오(悟)에는 더디고 빠름이 있네

다만 이 견성하는 문을

어리석은 사람은 알지 못하네

말로 설하면 비록 만가지이지만

이치에 합하면 도리어 하나로 돌아감이니

번뇌로 어두운 집 가운데에

항상 지혜의 햇빛을 낼지어다.

삿된 것이 오면 번뇌가 일어나고

바른 것이 오면 번뇌가 사라지리니

邪正을 俱不用하면 淸淨至無餘하리라
사정 구불용 청정지무여

菩提本自性에 起心卽是妄이라
보리본자성 기심즉시망

淨心이 在妄中하니 但正하면 無三障이로다
정심 재망중 단정 무삼장

世人이 若修道인댄 一切가 盡不妨이니
세인 약수도 일체 진불방

常自見己過하면 與道卽相當하리라
상자견기과 여도즉상당

色類가 自有道하야 各不相妨惱니
색류 자유도 각불상방뇌

삿된 것과 바른 것을 다 쓰지 않으면

청정하여 남음이 없는데 이르리라.

보리의 근본 자성에

마음을 일으키면 곧 망념이라

깨끗한 마음이 망념 가운데에 있으니

바르면 세 가지 장애가 없으리라.

세상사람이 만일 도를 닦으면

일체가 다 방해되지 않나니

항상 스스로 자기의 허물을 보면

도와 더불어 곧 서로 맞으리라.

모든 것은 스스로 도가 있어서

각각 서로 방해하며 괴롭히지 않으니

離道別覓道하면 終身不見道하리라
이 도 별 멱 도   종 신 불 견 도

波波度一生하야 到頭에 還自懊하나니
파 파 도 일 생   도 두   환 자 오

欲得見眞道인댄 行正이 卽是道니라
욕 득 견 진 도   행 정   즉 시 도

自若無道心이면 闇行不見道하나니
자 약 무 도 심   암 행 불 견 도

若眞修道人인댄 不見世間過니라
약 진 수 도 인   불 견 세 간 과

若見他人非하면 自非가 却是左니
약 견 타 인 비   자 비   각 시 좌

도를 여의고 따로 도를 찾으면
몸이 다 하여도 도를 보지 못하리라.
부질없이 일생을 지내서
눈앞에 닥쳐서야 뒤늦게 뉘우치나니
참된 도를 보고저 하느냐
바른 것을 행하는 것이 곧 도이니라.
스스로 만일 도의 마음이 없으면
어둡게 행하여 도를 보지 못하나니
만일 참으로 도 닦는 사람이라면
세간의 허물을 보지 말아라.
만일 남의 그릇됨을 보면
도리어 나의 그릇됨이 되느니라.

他非我不非인댄 我非가 自有過니라
타비아불비 아비 자유과

但自却非心하고 打除煩惱破하야
단자각비심 타제번뇌파

憎愛不關心하면 長伸兩脚臥하리라
증애불관심 장신양각와

欲擬化他人인댄 自須有方便이니
욕의화타인 자수유방편

勿令彼有疑하면 卽是自性現하리라
물령피유의 즉시자성현

佛法이 在世間하야 不離世間覺이니
불법 재세간 불리세간각

다른 이는 그르고 나는 그르지 않다 하면
그르다 하는 그것이 허물이니라.
다만 스스로 그르게 여기는 마음을 물리치고
번뇌를 쳐부수어 없애버리고
밉고 고운 데에 관계하지 않으면
길이 두 다리를 펴고 누우리라.
다른 사람을 교화하고자 하면
스스로 모름지기 방편을 쓰라
저로 하여금 의심을 없애면
곧 자성이 나타나리라.
불법이 세간에 있어서
세간을 여의고 깨달음은 없음이니

離世覓菩提하면 恰如求兔角이니라
이 세 멱 보 리   흡 여 구 토 각

正見이 名出世요 邪見이 是世間이니
정 견   명 출 세   사 견   시 세 간

邪正을 盡打却하면 菩提性宛然하리라
사 정   진 타 각   보 리 성 완 연

此頌이 是頓敎며 亦名大法船이니
차 송   시 돈 교   역 명 대 법 선

迷聞하면 經累劫이오 悟則刹那間이니라
미 문   경 누 겁   오 즉 찰 나 간

師가 復曰今於大梵寺에 說此頓敎호니 普願法界
사   부 왈 금 어 대 범 사   설 차 돈 교   보 원 법 계

세간을 여의고 보리를 찾으면

마치 토끼 뿔을 구함과 같으니라.

정견이 이름이 출세요 사견이 곧 세간이니

사와 정을 다 쳐 물리치면

보리 성품이 완연하리라.

이 송이 바로 돈교며

또한 이름이 대법선(大法船)이니

미혹하여 들으면 누겁을 지내고

깨달으면 곧 찰나 사이니라.

대사가 다시 말씀하셨다.

"이제 대범사에서 이 돈교를 설했으니 온 법계의 중

衆生이 言下에 見性成佛이로라
중생 언하 견성성불

時에 韋使君이 與官僚道俗으로 聞師所說하고 無不
시   위사군   여관료도속   문사소설   무불

省悟하야 一時에 作禮하고 皆歎善哉라 何期嶺南에
성오   일시   작례   개탄선재   하기영남

有佛出世리오하니라
유불출세

생이 말 아래에 견성 성불하기를 원하노라."

때에 위 사군과 관료와 도 닦는 이와 속인들이 다 함께 대사의 설법을 듣고 살펴 깨닫지 못한 이가 없었기에 함께 예를 올리고 찬탄하기를

"거룩하십니다. 어찌 영남에 부처님이 나오실 것을 짐작이나 했겠습니까!" 하였다.

第三 疑問品
제삼 의문품

一日에 韋刺史가 爲師하야 設大會齋하고 齋訖에 刺
일일 위자사   위사   설대회재   재흘 자
史가 請師陞座하고 同官僚士庶로 肅容再拜하야 問
사 청사승좌   동관료사서   숙용재배   문
曰弟子가 聞和尙說法이 實不可思議로대 今有少
왈제자 문화상설법 실불가사의   금유소
疑호니 願大慈悲로 特爲解說하소서
의   원대자비 특위해설

제삼. 의문품

 어느 날에 위자사가
대사를 위하여 큰 재를 베풀었다.
 재를 마치고 자사는 대사를 청하여 자리에 오르시게
하고
 관료와 선비와 백성들과 함께 엄숙한 모습으로 거듭
절하고 여쭙기를
 "제자가 화상의 설법을 들으니 실로 불가사의합니
다. 이제 조그마한 의심이 있으니 원컨대 대자비로 특
별히 해설하여 주십시오."하니

師曰 有疑卽問하라 吾當爲說호리라 韋公曰 和尙
사왈 유의즉문   오당위설   위공왈 화상
所說이 可不是達磨大師宗旨乎잇가
소설   가불시달마대사종지호
師曰 是니라 公曰 弟子가 聞達磨가 初化梁武帝에
사왈 시   공왈 제자   문달마   초화양무제
帝가 問云朕이 一生에 造寺供僧하고 布施設齋호니
제   문운짐   일생   조사공승   보시설재
有何功德이니잇고 達磨가 言하사대 實無功德이라하시니
유하공덕   달마   언   실무공덕
弟子가 未達此理로소니 願和尙은 爲說하소서
제자   미달차리   원화상   위설

"의심이 있거든 바로 물어라. 내가 마땅히 설하리라."하시므로

"화상께서 설하신 바는 달마대사의 종지가 아닙니까?"하니 "그러하니라."하시기에

"제자가 듣기로는 달마대사께서 처음 양 무제를 교화하실 때 양 무제가 여쭙기를「짐이 일생 동안 절을 짓고 스님들을 공양하고 보시를 하며 재를 베풀었으니 어떤 공덕이 있습니까?」라고 하시니 달마대사께서 말씀하시기를「실로 공덕이 없습니다.」라고 하셨는데 제자는 이 이치를 알지 못하겠으니 원컨대 화상께서 설하여 주십시오."하였다.

師曰 實無功德이니 勿疑先聖之言이어다
사왈 실무공덕　　물의선성지언

武帝가 心邪하야 不知正法하고 造寺供養하며 布施
무제　　심사　　부지정법　　조사공양　　　보시

設齋하니 名爲求福이라 不可將福하야 便爲功德이니
설재　　명위구복　　　불가장복　　　변위공덕

功德은 在法身中이오 不在修福이니라
공덕　재법신중　　　부재수복

師가 又曰見性이 是功이오 平等이 是德이니 念念無
사　　우왈견성　시공　　　평등　시덕　　　염념무

滯하야 常見本性의 眞實妙用이 名爲功德이니라
체　　상견본성　진실묘용　　명위공덕

　　대사가 말씀하셨다.
　　"실로 공덕이 없느니라. 옛 성인의 말씀을 의심하지 말아라. 무제가 마음이 삿되어 정법을 알지 못한 것이다. 절을 짓고 공양하며 보시하고 재를 베푼 것은 이름하여 복을 구하였을 뿐이다.
　　복은 공덕으로 삼을 수 없다. 공덕은 법신 가운데 있지, 복을 닦는데 있지 않느니라."
하시며 또 말씀하셨다.
　　"성품을 보는 것이 〈공〉이요, 평등함이 곧 〈덕〉이다. 생각 생각에 막힘이 없어서 항상 본성의 진실한 묘용을 보는 것을 공덕이라 하느니라.

內心謙下가 是功이오 外行於禮가 是德이며 自性이 建立萬法이 是功이오 心體離念이 是德이며 不離自性이 是功이오 應用無染이 是德이니 若覓功德法身인댄 但依此作이 是眞功德이니라
若修功德之人인댄 心卽不輕하고 常行普敬하나니 心常輕人하야 吾我가 不斷하면 卽自無功이오 自性이

   안으로 마음을 겸손하게 낮추는 것이 곧 공이요, 밖으로 예를 행하는 것이 덕이며, 자성이 만법을 세우는 것이 곧 공이요,

마음 바탕이 생각을 떠난 것이 덕이며, 자성을 떠나지 않음이 곧 공이요, 대응해 쓰되 물들지 않는 것이 곧 덕이니, 만일 공덕법신(功德法身)을 찾으려 하면 이렇게 하여야만 이것이 참된 공덕이니라. 만일 공덕을 닦는 사람이라면 마음으로 남을 가벼이 여기지 말고 항상 널리 공경하여야 하느니라.

   마음으로는 항상 다른 사람을 가볍게 여겨서 나를 세우는 마음을 끊지 않으면 곧 스스로 공이 없고

虛妄不實하면 卽自無德이니 爲吾我自大하야
허망부실   즉자무덕   위오아자대
常輕一切故니라
상경일체고
善知識아 念念無間이 是功이오 心行平直이 是
선지식   염념무간   시공   심행평직   시
德이며 自修性이 是功이오 自修身이 是德이니라
덕   자수성   시공   자수신   시덕
善知識아 功德은 須自性內見이니 不是布施供養
선지식   공덕   수자성내견   불시보시공양
之所求也라
지소구야

   자성이 허망하여 진실하지 아니하면 곧 스스로 덕이 없음이니라.

   나를 세우며 스스로 잘난 체하고 항상 일체를 가벼이 여기기 때문이니라.

   선지식아!

   순간 순간에 간격이 없는 것이 곧 공이요, 마음을 평등하고 곧게 쓰는 것이 덕이며, 스스로 성품을 닦는 것이 공이요, 스스로 몸을 닦는 것이 덕이니라.

   선지식아!

   공덕은 모름지기 자성을 안으로 보는 것이지, 보시나 공양으로 구하는 것이 아니니라.

是以로 福德이 與功德으로 別이니 武帝가 不識眞
시이로 복덕 여공덕으로 별 무제 불식진
理요 非我祖師가 有過니라
리 비아조사 유과
又問弟子가 常見僧俗이 念阿彌陀佛하야 願生西方
우문제자 상견승속 염아미타불 원생서방
하니 請和尙은 說하소서 得生彼否이까 願爲破疑하소서
청화상 설 득생피부 원위파의
師가 言하사대 使君은 善聽하라 惠能이 與說호리라
사 언하사대 사군 선청 혜능 여설
世尊이 在舍衛城中하사 說西方引化하사대 經文에
세존 재사위성중 설서방인화 경문

그러므로 복덕이 공덕과는 다른 것이니라. 무제가 진리를 알지 못하였을 뿐 우리 조사에게 허물이 있는 것이 아니니라."

또 여쭙기를

"제자가 항상 보니 승과 속이 아미타불을 염하며 서방극락에 나기를 원하던데, 청컨대 화상께서 설하여 주십시오. 그 곳에 태어날 수 있습니까? 원컨대 의심을 풀어 주십시오."하니 대사가 말씀하셨다.

"위 사군은 잘 들어라. 내가 설하여 주겠노라. 세존이 사위성에 계실 때에 서방으로 인도하여 교화한다고 설하셨는데 경문에 보면

分明去此不遠이라하시고 若論相說인댄 里數가 有十
분명거차불원　　　　　약론상설　　　　이수　유십
萬八千은 卽身中에 十惡八邪니 便是說遠이라
만 팔 천　즉신중　심악팔사　　변시설원
說遠은 爲其下根이오 說近은 爲其上智니 人有兩
설원　위기하근　　　설근　위기상지　　인유양
種이나 法無兩般이라
종　　법무양반
迷悟가 有殊하야 見有遲疾일새 迷人은 念佛하야 求
미오　유수　　　견유지질　　　미인　염불　　　구
生於彼하고 悟人은 自淨其心하나니 所以로 佛言하사대
생어피　　　오인　자정기심　　　　소이　　불언

　분명히 이곳에서 멀지 않다 하셨고 만일 현상계로 논하여 말한다면 거리가 십만 팔 천리다 하셨는데, 이것은 곧 몸 가운데 십악(十惡)과 팔사(八邪)를 가리킨것으로 멀다고 하신 말씀이다. 멀다고 설하신 것은 낮은 근기를 위한 것이고 가깝다고 설하신 것은 높은 근기를 위한 것이다. 사람에게는 낮고 높은 두 가지가 있으나 법에는 두 가지가 없느니라.

　미혹함과 깨달음이 다르므로 견해가 더디고 빠르니라. 미혹한 사람은 염불하여 저 곳에 나기를 구하고 깨달은 사람은 스스로 그 마음을 깨끗이 하느니라. 그러므로 부처님께서 말씀하시기를

隨其心淨하야 卽佛土淨이라하시니라
수기심정   즉불토정

使君아 東方人이라도 但心淨하면 卽無罪요
사군   동방인   단심정   즉무죄

雖西方人이라도 心不淨하면 亦有愆이니 東方人이 造
수서방인   심불정   역유건   동방인   조

罪에 念佛하야 求生西方이어니와 西方人이 造罪에 念
죄   염불   구생서방   서방인   조죄   염

佛하야 求生何國고
불   구생하국

凡愚는 不了自性하야 不識身中淨土일새 願東願
범우   불료자성   불식신중정토   원동원

「그 마음이 깨끗함을 따라서 곧 불토가 깨끗하다.」
하셨느니라.

　사군아! 동방 사람이라도
마음만 깨끗하면 곧 죄가 없고
비록 서방 사람이라도 마음이 깨끗하지 못하면 역시
허물이 있느니라.

　동방 사람이 죄를 지으면 염불하여 서방에 나기를
구하겠지만 서방 사람이 죄를 지으면 염불하여 어느
나라에 나기를 구할 것인가?

　어리석은 범부는 자성을 모르므로 몸 가운데 정토가
있는 것을 알지 못하고 동방을 원하고 서방를 원하지

西어니와 悟人은 在處一般이라 所以로 佛言하사대
서   오인   재처일반   소이 불언

隨所住處하야 恒安樂이라하시니라
수소주처   항안락

使君아 心地가 但無不善하면 西方이 去此不遙어니와
사군 심지   단무불선   서방 거차불요

若懷不善之心이면 念佛하야도 往生難到니
약회불선지심   염불   왕생난도

今勸善知識하노니 先除十惡하면 卽行十萬이요 後除
금권선지식   선제십악   즉행십만   후제

八邪하면 乃過八千이니 念念見性하야 常行平直하면
팔사   내과팔천   염념견성   상행평직

만 깨달은 사람은 어디에 있으나 한 가지이다. 그러므로 부처님께서 말씀하시기를「머무는 곳마다 항상 안락하다」하셨느니라.

　사군아! 마음자리가 오직 착하면 서방이 여기서 멀지 않은데

만일 착하지 못한 마음을 품으면 염불을 하여도 태어나기는 어려우니라.

　이제 선지식에게 권하는데 먼저 십악을 없애면 곧 십만리를 가는 것이고 다음에 팔사를 없애면 곧 팔천리를 지나가는 것이니 순간 순간에 성품을 보아 항상 평등하고 바르게 행하면

到如彈指하야 便覩彌陀니라
도여탄지　　편도미타

使君아 但行十善하면 何須更願往生이며 不斷十惡
사군　단행십선　　하수갱원왕생　　부단십악

之心이면 何佛이 即來迎請이리요
지심　　하불　즉래영청

若悟無生頓法하면 見西方이 只在刹那어니와 不悟
약오무생돈법　　견서방　지재찰나　　　　불오

하면 念佛求生하야도 路遙어니 如何得達이리요 惠能이
　　염불구생　　　로요　　여하득달　　　혜능

與諸人으로 移西方於刹那間하야 目前便見케호리니
여제인　　이서방어찰나간　　　목전변견

  손가락을 한 번 튕기는 사이에 문득 아미타불을 보는 것이니라.

  사군아! 다만 십선(十善)을 행하면 어찌하여 다시 왕생을 원할 것이며 십악의 마음을 끊지 못한다면 어느 부처님이 오셔서 맞아주실 것인가?

  만일 무생(無生)의 돈법(頓法)을 깨달으면 서방이 다만 찰나에 있음을 보겠지만 깨닫지 못하면 염불하여 태어나기를 구하더라도 길이 멀 테니 어떻게 갈 수 있겠는가?

  혜능이 그대들에게 서방을 찰나 사이에 옮겨서 눈앞에 문득 보게 하리니 다들 보기를 원하느냐?"

各願見否아 衆皆頂禮云호대 若此處에 見인댄 何須
각 원 견 부 중 개 정 례 운   약 차 처   견   하 수
更願往生이리잇고 願和尙은 慈悲로 便現西方하야 普
갱 원 왕 생   원 화 상   자 비   변 현 서 방   보
令得見케하소서 師가 言하사대 大衆아 世人은 自色
령 득 견   사   언   대 중   세 인   자 색
身이 是城이오
신   시 성
眼耳鼻舌이 是門이니 外有五門하고 內有意門하며
안 이 비 설 시 문   외 유 오 문   내 유 의 문
心是地요 性是王이라
심 시 지 성 시 왕

대중이 모두 다 큰절을 올리며,

"만일 이곳에서 볼 수 있다면 구태여 다시 왕생을 원하겠습니까?

원컨대 화상께서 자비로 서방을 나타내시어 모두 다 볼 수 있게 하여주십시오."하므로

대사가 말씀하셨다.

"대중들아 세상사람은 자기의 육신이 성(城)이고, 안(眼), 이(耳), 비(鼻), 설(舌)은 문이다.

밖으로는 다섯 문이 있고,
안으로는 뜻(意)의 문이 있다. 마음은 땅이며 성품은 임금이니라.

王居心地上하나니 性在하면 王在하고 性去하면 王無며
性在하면 身心이 存하고 性去하면 身心이 壞니 佛向
性中作이언정 莫向身外求니라
自性이 迷하면 即是衆生이오 自性이 覺하면 即是佛
이니 慈悲는 即是觀音이오 喜捨는 名爲勢至며 能淨은
即釋迦요 平直은 即彌陀며 人我는 是須彌요

   임금이 마음 땅 위에 지내는데 성품이 있으면 임금이 있고, 성품이 가면 임금이 없으며,
성품이 있으면 몸과 마음이 있고,
성품이 가면 몸과 마음이 무너지니 부처는 성품 가운데를 향하여 지을지언정
몸 밖을 향하여 구하지 말아라. 자성이 미혹하면 곧 중생이고 자성이 깨달으면 곧 부처님이니라.

   자비는 곧 관세음보살이고 희사(喜捨)는 이름하여 대세지보살이며 청정함은 석가모니 부처님이고 평등하고 바름은 아미타부처님이다.

   나다 남이다 하는 생각은 수미산이고

邪心은 是海水며 煩惱는 是波浪이오 毒害는 是惡龍이며 虛妄은 是鬼神이오 塵勞는 是魚鼈이며 貪瞋은 是地獄이오 愚癡는 是畜生이라 善知識아 常行十善하면 天堂이 便至요 除人我하면 須彌가 倒요 無邪心하면 海水가 竭이오 煩惱가 無하면 波浪이 滅이오 毒害가 除하면 魚龍이 絶이니 自心地上에

　삿된 마음은 바닷물이고 번뇌는 물결이며, 독한 해를 주는 것은 악한 용이고 헛된 망상은 귀신이며, 세상살이의 괴로움은 고기나 자라이며, 탐내고 성내는 것은 지옥이며, 어리석음은 곧 축생이니라.
　선지식아!
항상 십선(十善)을 행하면 천당에 곧 이르고,
　〈나다〉〈남이다〉를 없애면 수미산이 무너지고 사심이 없으면 바닷물이 마르고 번뇌가 없으면 물결이 잠잠해지고 독하고 해치려는 마음을 버리면 고기와 용이 없어지리라.
　자기의 마음 자리 위에

覺性如來가 放大光明하야 外照六門淸淨하야 能破
각성여래   방대광명   외조육문청정   능파
六欲諸天하고 自性內照하야 三毒이 卽除하야 地獄
육욕제천   자성내조   삼독 즉제   지옥
等罪가 一時消滅하면 內外明徹하야 不異西方이어니와
등죄 일시소멸   내외명철   불이서방
不作此修하면 如何到彼리오 大衆이 聞說하고 了然
부작차수   여하도피   대중 문설   요연
見性하야 悉皆禮拜하고 俱歎善哉하야 唯言호대 普願
견성   실개예배   구탄선재   유언   보원
法界衆生이 聞者가 一時悟解하야지이다
법계중생   문자 일시오해

 각성여래가 큰 광명을 놓아서 밖으로 육문을 청정하게 비추면 능히 육욕 제천(六欲諸天)을 깨뜨리고

 자성이 안으로 비추면 삼독이 곧 없어지고 지옥 등의 죄가 일시에 소멸하여 안과 밖이 밝게 통하여서 서방과 다르지 않으리라. 이렇게 닦지 아니하면 어떻게 저 곳에 이르겠느냐."

 대중이 설법을 듣고는 자기의 성품을 똑똑히 보고 다 함께 예배하며 다 함께 「거룩하시다.」라고 찬탄하고

「원컨대 온 법계 중생이 듣고서 한꺼번에 깨달았으면 좋겠습니다.」
라고 하였다.

師言하사대 善知識아 若欲修行인댄 在家亦得이라
사 언 　　선 지 식 　약 욕 수 행 　　재 가 역 득

不由在寺니 在家能行하면 如東方人心善이오
불 유 재 사 　재 가 능 행 　　여 동 방 인 심 선

在寺不修하면 如西方人心惡이니 但心淸淨하면 卽
재 사 불 수 　　여 서 방 인 심 악 　단 심 청 정 　　즉

是自性西方이니라
시 자 성 서 방

韋公이 又問호대 在家에 如何修行하리잇고 願爲敎授
위 공 　우 문 　　재 가 　여 하 수 행 　　　원 위 교 수

하소서 師言하사대 吾與大衆으로 說無相頌호리니 但依
　　　사 언 　　오 여 대 중 　　설 무 상 송 　　단 의

　　대사가 말씀하셨다. "선지식아! 만일 수행하고자 하면 재가불자라도 할 수 있다. 절에 있어야만 되는 것이 아니다. 집에 있어도 능히 행하면 동방인으로서 마음이 선한 것과 같고 절에 있어도 닦지 않으면 서방인으로서 마음이 악한 것과 같은 것이다. 마음만 청정하면 이것이 곧 자성의 서방이니라."

　　위공이 또 여쭙기를 "집에 있는 사람은 어떻게 수행하여야 합니까? 원컨대 가르쳐 주십시오."하니,

　　대사가 말씀하시기를

　　"내가 대중에게 무상송(無相頌)을 설하리니, 다만 이를 의지하여 닦으면 항상 나와 함께 있는 것이나 다

此修하면 常與吾로 同處無別이어니와 若不依此修하면
剃髮出家인들 於道에 何益이리오 頌曰

心平에 何勞持戒며　　行直에 何用修禪이리오
恩則孝養父母하고　　義則上下相憐하며
讓則尊卑和睦하고　　忍則衆惡無喧이니
若能鑽木出火하면　　淤泥에 定生紅蓮하리라

름이 없겠지만, 만일 이를 의지하여 닦지 아니하면 머리를 깎고 출가한들 도에 무슨 이익이 되겠느냐." 하시며 게송을 말씀하셨다.

　　마음이 평등하면 어찌 계가 필요하며
　　행이 곧으면 선을 닦아 무엇하리.
　　은혜로 친히 부모를 부양하고
　　의로우면 상하가 서로 아끼게 되며
　　사양하면 높고 낮은 이가 화목하고
　　참으면 온갖 것이 미워해도 싸울 일이 없느니라.
　　능히 나무를 비벼 불을 내듯하면
　　진흙에서 결정코 홍련이 피어나리라.

苦口的是良藥이오 逆耳必是忠言이니
고구적시양약　　　역이필시충언

改過必生智慧하고 護短心內非賢이니라
개과필생지혜　　　호단심내비현

日用에 常行饒益하면 成道가 非由施錢이라
일용　상행요익　　　성도　비유시전

菩提 只向心覓이언정 何勞向外求玄이리오
보리 지향심멱　　　하로향외구현

聽說 依此修行하면 西方이 只在目前이니라
청설 의차수행　　　서방　지재목전

師가 復曰善知識아 總須依偈修行하야
사　부왈선지식　　총수의게수행

입에 쓴 것은 반드시 좋은 약이고,
귀에 거슬리는 것은 반드시 충성스런 말이니라.
허물을 고치면 반드시 지혜가 나고
흠을 덮으려 하면 마음속이 무디어 지느니
나날이 이로운 것을 행하여라.
도를 이루는 것이 돈을 보시함에 있지 않느니라.
보리는 다만 마음을 향하여 찾을지언정
어찌 밖을 향하여 그윽함을 구하고져 애쓰는가.
내 말을 듣고 이대로 수행하면
극락이 눈앞에 있을 것이다.

"선지식아! 모두 다 이 게송을 의지하여 수행하고

見取自性하면 直成佛道하리라
견취자성   직성불도

法不相待니 衆人은 且散하라 吾歸曹溪호리니 衆若
법불상대 중인   차산   오귀조계   중약

有疑어든 却來相問하라
유의   각래상문

時에 刺史官僚와 在會善男善女가 各得開悟하야
시   자사관료   재회선남선녀   각득개오

信受奉行하니라
신수봉행

  자성을 보면 바로 불도를 이루리라. 법은 기다리지 않으니 대중은 이제 헤어져라. 나도 조계로 돌아가리니 의심나는 것이 있으면 누구든지 와서 물어라."

  때에 자사와 관료와 그 모임에 있던 선 남자 선 여인이 각각 깨달음을 얻어서 믿고 받아들이며 받들어 행하였다.

第四 定慧品
제사 정혜품

師가 示衆云善知識아 我此法門은 以定慧로 爲本
사   시중운선지식   아차법문   이정혜   위본
이니 大衆은 勿迷하야 言定慧別이어다
     대중   물미   언정혜별
定慧는 一體요 不是二니 定是慧體요 慧是定用이라
정혜   일체 불시이   정시혜체   혜시정용
卽慧之時에 定在慧하고 卽定之時에 慧在定이니
즉혜지시   정재혜   즉정지시   혜재정

제사. 정혜품

　　대사가 대중에게 말씀하셨다.

　　"선지식아!

나의 법문은 정과 혜로써 근본을 삼는다.

대중은 미혹하게 정과 혜가 다르다고 말하지 말아라.

〈정〉과〈혜〉는 일체요 둘이 아니다.

정은 혜의 바탕이요,

혜는 정의 작용이니라.

혜가 나타날 때 정이 혜에 있고,

정이 나타날 때 혜가 정에 있다.

若識此義하면 即是定慧等學이니라
약 식 차 의   즉 시 정 혜 등 학

諸學道人은 莫言先定發慧하며 先慧發定이 各
제 학 도 인   막 언 선 정 발 혜   선 혜 발 정   각

別이니 作此見者는 法有二相하야 口說善語호대 心
별   작 차 견 자   법 유 이 상   구 설 선 어   심

中不善이라 空有定慧하야 定慧不等이어니와 若心口
중 불 선   공 유 정 혜   정 혜 부 등   약 심 구

俱善하야 內外一種이면 定慧即等하리라
구 선   내 외 일 종   정 혜 즉 등

自悟修行은 不在於諍이니 若諍先後하면 即同迷
자 오 수 행   부 재 어 쟁   약 쟁 선 후   즉 동 미

  만일 이 뜻을 알면

곧 정과 혜를 고루 배우는 것이니라.

  도 배우는 사람들은 정을 먼저 하여 혜를 일으킨다 거나, 혜를 먼저 하여 정을 일으킨다하며 각각 다르다고 말하지 말아라. 이런 견해를 가지는 자는 법에 두 모양을 두어서 입으로 좋은 말을 하지만

  마음속이 착하지 못하니라. 공연히 정과 혜를 두어서 정과 혜가 같지 않거니와 만일 마음과 말이 다 선해서 안과 밖이 한 가지면 정과 혜가 곧 평등하리라.

  스스로 깨달아 수행함은 다투는 데 있지 않다.

  만일 선후를 다투면 곧 미혹한 사람과 같으며

人이라 不斷勝負하야 却增我法하야 不離四相이니라
善知識아 定慧는 猶如何等고 猶如燈光이 有燈卽
光이오 無燈卽暗이라 燈是光之體요 光是燈之用이니
名雖有二이나 體本同一인달하야 此定慧法도 亦復
如是하니라 師示衆云 善知識아
一行三昧者는 於一切處行住坐臥에 常行一直

승부를 끊지 못하고

〈나다〉〈진리다〉하는 것만 늘여서 사상(아상·인상·중생상·수자상)을 여의지 못하리라.

선지식아! 정과 혜는 무엇과 같은가하면, 등불과 같아서 등이 있으므로 빛이 있고 등이 없으면 곧 어두우니 등은 빛의 본체요,

빛은 등의 작용이다.

이름은 비록 둘이 있지만, 체는 본래 동일한 것처럼 이 정혜의 법도 그와 같으니라.

선지식아! 일행삼매라 하는 것은 어느 곳 어느 때나 (행·주·좌·와) 항상 한결같이 곧은 마음으로 행하

心이 是也니 如淨名經에 云直心이 是道場이요 直
心이 是淨土라하시니 莫心行이 諂曲하야 口但說直하며
口說一行三昧하야 不行直心하고 但行直心하야 於
一切法에 勿有執著이어다
迷人은 著法相하야 執一行三昧하야 直言坐不動하고
妄不起心이 卽是一行三昧라하나니 作此解者는 卽

는 것이니 정명경에 이르시기를 「곧은 마음이 곧 도량이요, 곧은 마음이 곧 정토다.」하시었듯이

마음과 행동이 아첨하고 바르지 못하여 입으로만 곧음을 말하고 입으로만 일행삼매를 말하며 곧은 마음을 행하지 않나니 곧은 마음만을 행하고 일체 법에 집착하지 말아라.

　미혹한 사람은 법상(法相)에 빠져서 일행삼매에 집착하여 말하기를 앉아서 움직이지 않고, 망령되이 마음을 일으키지 않는 것이 곧 일행삼매라 하는데, 이런 견해를 내는 것은 곧 생명이 없는 것과 같으며 도리어 도를 장애하는 인연이 되느니라.

同無情이라 却是障道因緣이니라 善知識아 道須通
流니 何以却滯리오 心不住法하면 道即通流어니와 心
若住法이면 名爲自縛이니 若言坐不動이 是인댄 只
如舍利弗이 宴坐林中이라가 却被維摩詰訶니라
善知識아 又有人이 敎坐호대 看心觀靜하야 不動不
起하야 從此置功이라하면 迷人이 不會하고 便執成

　선지식아! 도는 모름지기 통하고 흐르게 하여야 하는데 어찌 도리어 막히게 하겠느냐.

　마음이 법에 머무르지 아니하면 도가 통하여 흐르지만 마음이 만일 법에 머무르면 스스로를 얽어매는 것이 되느니라. 만일 앉아서 움직이지 않는 것이 옳다고 말한다면 사리불이 숲 속에 고요히 앉아 있다가 도리어 유마힐의 꾸짖음을 당한 것과 같으니라.

　선지식아! 또 어떤 사람이 하여금 앉아있게 하되 마음을 보고 고요함을 관해서 움직이지 않고 일어나지 아니하는 이것으로 공부를 삼게 한다고 하면, 미혹한 사람은 알지 못하고 문득 집착하여 전도됨을 이룬다.

顚하야 如此者가 衆하니 如是相敎일새 故知大錯이로다
師示衆云 善知識아 本來正敎는 無有頓漸이언마는
人性이 自有利鈍일새 迷人은 漸契하고 悟人은 頓修
하야 自識本心하며 自見本性하야 卽無差別이니 所以로
立頓漸之假名이니라 善知識아 我此法門은 從上
以來로 先立無念爲宗하고 無相爲體하고

　이와 같은 자가 많고 이와 같이 가르치는데 이는 크게 잘못된 것이다.

　선지식아! 본래 바른 가르침에는 돈(頓)과 점(漸)이 없지마는 사람의 성품이 영리함과 우둔함이 있어서 미혹한 사람은 점차로 깨닫게 되고 영리한 사람은 단번에 닦아 스스로 본심을 깨달으며 스스로 본성을 보는 것이니 곧 차별이 없는 것이다. 그러므로 돈과 점을 세운 것은 거짓 이름이니라.

　선지식아! 나의 이 법문은 위로부터 내려오는 것을 따라 먼저 무념(無念)을 세워 종(宗)으로 삼고, 무상(無相)으로 체(體)를 삼으며,

無住爲本이니 無相者는 於相而離相이오
무주위본   무상자 어상이리상

無念者는 於念而無念이오 無住者는 人之本性이
무념자 어념이무념   무주자 인지본성

於世間善惡好醜와 乃至寃之與親과 言語觸刺
어세간선악호추   내지원지여친   언어촉자

欺爭之時에 竝將爲空하야 不思酬害하야 念念之
기쟁지시   병장위공   불사수해   염념지

中에 不思前境이니 若前念今念後念이 念念相續
중   불사전경   약전념금념후념   염념상속

不斷하면 名爲繫縛이오
부단   명위계박

　　무주(無住)로 근본을 삼는다.
　　무상이라는 것은 상에 대하여 상을 여의는 것이고, 무념 이라는 것은 생각에 대하여 생각이 없는 것이고,
　　무주라는 것은
사람의 본성이 세간의 선악과 밉고 고움과 원수와 친한이와 또 말로 주고받고 찌르고 속이고
다툴 때에도 모두〈공〉한 것으로 여겨서 해칠 생각을 하지 않고 생각 생각하는 가운데 앞 경계를 생각지 않는 것이다.
　　만일 앞 생각과 지금 생각과 뒷 생각이 생각마다 이어져서 끊어지지 않으면 얽매임이라 하고

於諸法上에 念念不住하면 卽無縛也니 此是以無
住로 爲本이니라 善知識아 外離一切相이
名爲無相이라 能離於相하면 卽法體淸淨하니 此是
以無相으로 爲體니라 善知識아 於諸境上에 心不染
曰無念이라 於自念上에 常離諸境하야 不於境上에
生心이니 若只百物을 不思하야 念盡除却인댄

　모든 법에 대하여 생각 생각이 머무르지 않으면 곧 얽매임이 없는 것이다. 이것이 곧 무주로써 근본을 삼는 것이니라.

　선지식아! 밖으로 일체의 상을 여의면 무상이라 한다. 능히 상을 여의면 곧 법체(法體)가 청정해지는데 이것이 곧 무상으로써 체를 삼는 것이니라.

　선지식아! 모든 경계 위에 마음이 물들지 않는 것을 무념이라 하는데 자기 생각 위에 항상 모든 경계를 여의어서 경계 위에 마음을 내지 않는 것이다.

　만일 아무 것도 생각하지 않는다 하여 모든 생각을 다 없애려고만 한다면 한 생각이 끊어질 때, 곧 죽는

一念이 絶하면 卽死하야 別處受生하리니 是爲大錯이라
일념 절   즉사   별처수생   시위대착

學道者는 思之어다 若不識法意인댄 自錯은 猶可어니와
학도자 사지   약불식법의   자착 유가

更勸他人하야 自迷不見하고 又謗佛經할새 所以로
갱권타인   자미불견   우방불경   소이

立無念爲宗이니라
입무념위종

善知識아 云何立無念爲宗고 只緣口說見性이니
선지식 운하립무념위종   지연구설견성

迷人은 於境上에 有念하고 念上에 便起邪見하야
미인 어경상 유념   염상 변기사견

것이어서 다른 곳에 몸을 받아 나리니, 이것은 크게 잘못된 것이다.

도를 배우는 자는 잘 생각하여라.

만일 법의 뜻을 알지 못하면 자신을 그르치는 것은 당연하거니와 다시 다른 사람에게까지 권해서 미혹하여 보지 못하게 하며 또 불경을 비방하게 된다.

그러므로 무념을 세워 종을 삼는 것이니라.

선지식아!

어떤 것을 무념을 세워서 종으로 삼는다 하는가? 단지 입으로만 성품을 보았다고 말함이니 미혹한 사람은 경계 위에 생각이 있고 생각 위에 문득 사견을 일으키는

一切塵勞妄想이 從此而生이라 自性이 本無一法
일체진로망상   종차이생   자성   본무일법
可得이어늘 若有所得하야 妄說禍福하면 卽是塵勞
가득   약유소득   망설화복   즉시진로
邪見이니 故此法門은 立無念爲宗이니라 善知識아
사견   고차법문   입무념위종   선지식
無者는 無何事며 念者는 念何物고 無者는 無二
무자   무하사   염자   염하물   무자   무이
相이니 無諸塵勞之心이오 念者는 念眞如本性이니
상   무제진로지심   염자   염진여본성
眞如는 卽是念之體요 念은 卽是眞如之用이라
진여   즉시념지체   염   즉시진여지용

데 일체의 진로 망상이 이로부터 생겨나느니라.

자성은 본래 한 법도 얻을 것이 없다.

만일 얻을 것이 있다하여 망령되이 화와 복을 말한다면 이것이 곧 번뇌며 삿된 소견이다. 그러므로 이 법문은 무념을 세워 종으로 삼는 것이다.

선지식아! 〈무〉라는 것은 무슨 일이 없다는 것이며 〈념〉이라는 것은 무슨 물건을 생각한다는 말이다.

무라는 것은 두 가지 상이 없는 것이니 모든 번거로운 망상이 없는 것이며, 념이라는 것은 진여 본성을 생각하는 것이다. 진여(眞如)는 곧 생각의 체요, 생각은 곧 진여의 용(用)이니라.

眞如自性이 起念이오 非眼耳鼻舌이 能念이니 眞如
有性일새 所以로 起念이어니와 眞如若無하면 眼耳色
聲當時卽壞니라 善知識아 眞如自性이 起念일새 六
根이 雖有見聞覺知나 不染萬境하고 而眞性이 常
自在니 故로 云 能善分別諸法相호대 於第一義에
而不動이라하시니라

    진여자성이 생각을 일으키는 것이지, 눈·귀·코·혀가 생각하는 것이 아니니라.

    진여가 성품이 있으므로 생각이 일어난다.

    만일 진여자성이 없다면 눈이나 귀나 빛깔이나 소리가 곧 없어지리라.

    선지식아! 진여자성이 생각을 일으키므로 육근이 비록 보고 듣고 깨닫고 안다 하더라도 모든 경계에 물들지 않고 참된 성품이 항상 스스로 있는 것이다. 그러므로 이르기를 「능히 모든 법상을 잘 분별하되 가장 으뜸가는 뜻은 움직임이 없다.」

하셨느니라.

第五 坐禪品
제오 좌선품

師示衆云 此門坐禪은 元不著心이며 亦不著淨이며
사 시 중 운 차 문 좌 선 원 불 착 심   역 불 착 정
亦不是不動이니 若言著心인댄 心元是妄이니 知心
역 불 시 부 동   약 언 착 심   심 원 시 망   지 심
如幻일새 故無所著也니라 若言著淨인댄 人性이 本
여 환   고 무 소 착 야   약 언 착 정   인 성 본
淨커늘 由妄念故로 盖覆眞如니
정   유 망 념 고   개 부 진 여

제오. 좌선품

대중들에게 말씀하셨다.

"좌선이라는 이 문은 원래 마음에 집착해서도 안되고 또 깨끗한 것에 집착해서도 안되며 움직이지 않는 것도 옳지 않느니라. 만일 마음에 집착한다고 말한다면 마음은 원래 망령된 것이어서 그 마음이 허깨비와 같음을 알 것이므로 집착하는 바가 없을 것이니라.

만일 깨끗한 것에 집착한다고 말한다면 사람의 성품이 본래 청정한 것인데 망상으로 인하여 진여를 덮은 것이 되느니라.

但無妄想하면 性自淸淨이라 起心著淨하야 却生淨
단 무 망 상　　성 자 청 정　　기 심 착 정　　각 생 정
妄하나니 妄無處所라
망　　　망 무 처 소
著者是妄이니 淨無形相이어늘 却立淨相하야 言是
착 자 시 망　　정 무 형 상　　　각 립 정 상　　언 시
工夫라하야 作此見者는 障自本性하야 却被淨縛하리라
공 부　　작 차 견 자　장 자 본 성　　각 피 정 박
善知識아 若修不動者인댄 但見一切人時에 不見
선 지 식　약 수 부 동 자　　단 견 일 체 인 시　불 견
人之是非善惡過患이
인 지 시 비 선 악 과 환

　망상만 없으면 성품이 스스로 청정한 것인데, 마음을 일으켜서 청정한 것에 집착하므로 도리어 청정하다는 망상을 내는데, 망상은 있을 곳이 없음이라. 집착하는 것이 곧 망상이니라.

　깨끗함도 형상이 없는데 도리어 깨끗하다는 생각을 세워서 이것을 공부라 말하지만 이런 견해를 짓는 자는 자기의 본성을 막아 도리어 깨끗하다는 생각의 결박을 당하리라.

　선지식아! 움직이지 않는 것을 「닦는다.」라고 하는 것은 일체 사람을 볼 때에 사람의 옳고 그름과 좋고 나쁨과 허물과 근심을 보지 않는 것을 말하며,

卽是自性不動이니라
즉 시 자 성 부 동

善知識아 迷人은 身雖不動이나 開口에 便說他人의
선지식 미인 신수부동   개구   변설타인

是非長短好惡하야 與道違背하나니 若著心著淨하면
시비장단호오   여도위배   약착심착정

却障道也리라
각장도야

師가 示衆云善知識아 何名坐禪고 此法門中에 無
사   시중운선지식   하명좌선   차법문중   무

障無礙하야 外於一切善惡境界에 心念不起가 名
장무애   외어일체선악경계   심념불기   명

이것이 곧 자성을 움직이지 않는 것이라 하느니라.

  선지식아! 미혹한 사람은 몸은 비록 움직이지 아니하나 입을 열어 타인의 옳고 그름과 잘하고 못함과 좋고 미워함을 말해서 도와는 어긋나고 등진다.

  만일 마음에 집착하고 청정함에 집착하면 도리어 도에 장애가 되느니라."

  대사가 대중에게 말씀하셨다.

  "선지식아! 어떤 것을 좌선이라 하는가 하면 이 법문 가운데 막힘이 없고 걸림이 없어서 밖으로 일체 선악의 경계에 마음 가운데 생각이 일어나지 않는 것을 〈좌〉라 하고 안으로 자성이 움직이지 않음을 보는 것

爲坐요 內見自性不動이 名爲禪이니라 善知識
何名禪定고 外離相이 爲禪이오 內不亂이 爲定이니
外若著相하면 內心卽亂이오 外若離相하면 心卽不
亂이라 本性이 自淨自定이언마는 只爲見境思境하야 卽
亂이니 若見諸境호대 心不亂者는 是眞定也니라
善知識 外離相이 卽禪이요 內不亂이 卽定이니 外

을 〈선〉이라 한다.

　선지식아! 어떤 것을 선정이라 하는가 하면, 밖으로 상을 여의는 것이 〈선〉이고, 안으로 어지럽지 않는 것이 〈정〉이다.

　밖으로 만일 상에 빠지면 안의 마음이 곧 어지럽고, 밖으로 만일 상을 여의면 마음이 곧 어지럽지 않으리라. 본성이 스스로 깨끗하고 스스로 정(定)한 것인데 경계를 보고 경계를 생각하기 때문에 어지러워지는 것이다. 만일 모든 경계를 보되 마음이 어지럽지 않으면 이것이 참된 〈정〉이다. 선지식아! 밖으로 상을 여의면 〈선〉이요, 안으로 어지럽지 않으면 〈정〉이니, 밖의

禪內定이 是爲禪定이라 淨名經에 云卽時豁然하면 還得本心이라하시며 菩薩戒經에 云我本性이 元自淸淨이라하시니 善知識 於念念中에 自見本性淸淨하야 自修自行하면 自成佛道하리라

〈선〉과 안의 〈정〉이 곧 선정이니라.

정명경에 이르시길,「즉시에 시원하게 깨달으면 다시 본심을 얻는다.」하셨으며 보살계경에 이르시길,「나의 본성이 원래 스스로 청정하다」하셨느니라.

선지식아! 생각 생각 가운데에 자기의 본성이 청정함을 보아서 스스로 닦고 스스로 행하면 스스로 불도를 이루리라.

第六 懺悔品
제육 참회품

時에 大師가 見廣韶二郡과 洎四方士庶가 騈集山
시 대사 견광소이군   계사방사서   변집산
中하야 聽法하시고 於是에 陞座告衆曰來하라
중   청법   어시   승좌고중왈래
諸善知識아 此事는 須從自性中起니 於一切時에
제선지식   차사   수종자성중기   어일체시
念念自淨其心하야 自修自行하면 見自己法身하며
염념자정기심   자수자행   견자기법신

제육. 참회품

　이때에 대사는
　　광주와 소주 두개 군을 비롯한
사방의 선비와 백성들이 모두 산중에 모여 법을 들으려하는 것을 보시고 법좌에 오르시어
대중에게 말씀하셨다.
　"잘왔다. 선지식들아!
이 일은 모름지기 자성으로 일어난 것이니 어느 때나 생각 생각에 스스로 그 마음을 깨끗이 하여 스스로 닦고 스스로 행하면 자기의 법신을 볼 것이며 자기 마음

見自心佛하야 自度自戒하야 始得이니 不假到此하리라
견자심불　　자도자계　　시득　　불가도차

旣從遠來하야 一會于此인댄 皆共有緣이니 今可各
기종원래　　일회우차　　개공유연　　금가각

各胡跪하라
각호궤

先爲傳自性五分法身香하고 次授無相懺悔호리라
선위전자성오분법신향　　차수무상참회

衆이 胡跪어늘 師가 曰一은 戒香이니 卽自心中에 無
중　호궤　　사　왈일　계향　　즉자심중　무

非無惡하며 無嫉妬하며 無貪瞋하며 無劫害가 名戒
비무악　　무질투　　무탐진　　무겁해　　명계

의 부처를 보아 스스로 제도하고 스스로 경계하여 비로소 얻게되니 구태여 이곳까지 올 필요가 없느니라.

먼 곳에서 와서 이렇게 모였으니 모두 다 인연이 있는가보다. 이제 다들 꿇어 앉아라.

먼저 자성의 오분 법신향을 전하고 다음에 무상 참회를 주겠노라.”

대중이 꿇어 앉자 대사가 말씀하셨다.

"첫째는〈계향〉이다.

자기의 마음 가운데에 그릇됨이 없고 악함이 없으며 질투가 없고 탐냄과 성냄이 없으며

빼앗고 해치는 마음이 없는 것을 계향이라 하느니라.

香이니라 二는 定香이니 卽觀諸善惡境相하야도 自心
향   이 정향   즉 도 제 선 악 경 상   자 심
不亂이 名定香이니라
불란   명 정 향
三은 慧香이니 自心無礙하야 常以智慧로 觀照自性
삼   혜향   자 심 무 애   상 이 지 혜   관 조 자 성
하야 不造諸惡하며 雖修衆善이나 心不執著하고 敬上
    부 조 제 악   수 수 중 선   심 불 집 착   경 상
念下하야 矜恤孤貧이 名慧香이니라
념 하   긍 휼 고 빈   명 혜 향
四는 解脫香이니 卽自心에 無所攀緣하야 不思善不
사   해 탈 향   즉 자 심 무 소 반 연   불 사 선 불

둘째는 〈정향〉이다.

곧 모든 선과 악의 경계와 모양을 보더라도 자기의 마음이 어지럽지 않는 것을 정향이라 하느니라.

셋째는 〈혜향〉이다.

자기의 마음이 걸림이 없어서 항상 지혜로써 자성을 관조하여 모든 악을 짓지 아니하며, 비록 많은 선을 닦지만 마음에 두지 않고 위를 공경하고, 아래를 보살피며 외롭고 가난한 이를 불쌍히 여기는 것을 혜향이라 하느니라.

넷째는 〈해탈향〉이다.

자기의 마음에 인연을 일으키는 바가 없어서 선도

思惡하야 自在無礙가 名解脫香이니라
五는 解脫知見香이니 自心에 旣無所攀緣善惡호대
不可沈空守寂하고 卽須廣學多聞하야 識自本心하며
達諸佛理하야 和光接物에 無我無人하야 直至菩提
眞性不易이 名解脫知見香이니라
善知識아 此香은 各自內薰이오 莫向外覓이니라

생각하지 않고 악도 생각하지 아니하여 자유롭고 걸림이 없는 것을 해탈향이라 하느니라.

다섯째는 〈해탈지견향〉이다.

자기의 마음이 이미 선악에 인연이 일어나는 바가 없지만 공에 빠져 고요함만 지키는 것이 아니라 모름지기 널리 배우고 많이 들으며 자기의 본심을 알아 모든 부처님의 이치를 통달하여 법신에 화해서 사물을 대함에 있어 나도 없고 남도 없어서 깨달음의 참된 성품이 바뀌지 않는 곳에 이르는 것을 해탈지견향이라 하느니라. 선지식아! 이 향은 각자 안으로 그윽하게 익힐 것이지 밖을 향하여 찾지 말아라.

今與汝等으로 授無相懺悔하야 滅三世罪하야 令得
금여여등   수무상참회   멸삼세죄   영득
三業淸淨케호리니 善知識아 各隨語하야 一時道호대
삼업청정   선지식   각수어   일시도
弟子等이 從前念今念及後念으로 念念에 不被愚
제자등   종전념금념급후념   염념   불피우
迷染하고 從前所有惡業愚迷等罪를 悉皆懺悔하야
미염   종전소유악업우미등죄   실개참회
願一時消滅하야 永不復起하며 弟子等이 從前念今
원일시소멸   영불부기   제자등   종전념금
念及後念으로 念念에 不被憍誑染하고 從前所有惡
념급후념   염념   불피교광염   종전소유악

이제 너희들에게 무상참회를 주어서 삼세의 죄를 멸하고 삼업을 청정하게 해주겠노라.

선지식아! 모두 내 말을 같이 따라 하여라.

〈제자들이 앞의 생각과 지금 생각과 뒤의 생각으로 순간 순간에 어리석고 미혹한데 물들지 않고, 이제까지 지은 바 악업인 어리석고 미혹된 죄를 모두 다 참회하오니, 원하옵건대 일시에 소멸하여 다시는 영원히 일어나지 않게 하여 주십시오.

제자들이 앞 생각과 지금 생각과 뒤의 생각으로 순간 순간에 교만과 속임에 물들지 않고,
예전부터 지은 악업인 교만하고 속인 죄를 모두 다 참

業憍誑等罪를 悉皆懺悔하야 願一時消滅하야 永
업 교광등죄   실개참회   원일시소멸   영
不復起하며 弟子等이 從前念今念及後念으로 念
불부기   제자등   종전념금념급후념   염
念에 不被嫉妬染하고 所有惡業嫉妬等罪를 悉皆
념 불피질투염   소유악업질투등죄   실개
懺悔하야 願一時消滅하야 永不復起하야지이다하라
참회   원일시소멸   영불부기
善知識아 已上이 是爲無相懺悔니 云何名懺이며
선지식 이상 시위무상참회   운하명참
云何名悔오 懺者는 懺其前愆이니 從前所有惡業
운하명회   참자   참기전건   종전소유악업

회하오니 원하옵건대 일시에 소멸하여 다시는 영원히 일어나지 않게 하여 주십시오.

제자들이 앞 생각과 지금 생각과 뒷 생각으로 순간 순간에 질투에 물들지 않고 지은 바 악업인 질투 등의 죄를 모두 다 참회하오니 원컨대 일시에 소멸하여 다시는 영원히 일어나지 않게 하여 주십시오.〉

선지식아!

이상이 무상참회인데 어떤 것을 〈참〉이라 하고 어떤 것을 〈회〉라 하느냐하면, 참이라는 것은 그 전의 허물을 뉘우치는 것으로 이제까지 지은 바 악업인 어리석음과 미혹함과 교만과 속임과 질투 등의 죄를 모두 다

愚迷憍誑嫉妬等罪를 悉皆盡懺하야 永不復起가
우미교광질투등죄 실개진참 영불부기

是名爲懺이오 悔者는 悔其後過니 從今以後所有
시명위참 회자 회기후과 종금이후소유

惡業愚迷憍誑嫉妬等罪를 今已覺悟하야 悉皆永
악업우미교광질투등죄 금이각오 실개영

斷하야 更不復作이 是名爲悔라 故稱懺悔니라
단 갱불부작 시명위회 고칭참회

凡夫는 愚迷하야 只知懺其前愆하고 不知悔其後
범부 우미 지지참기전건 부지회기후

過하나니 以不悔故로 前愆이 不滅하고 後過又生이라
과 이불회고 전건 불멸 후과우생

뉘우쳐서 다시는 영원히 일어나지 않게 하는 것을 참이라 하고,

회라는 것은 이후의 허물을 뉘우치는 것으로 이제부터 이후에 지을 바 악업인 어리석음과 미혹함과 교만과 속임과 질투 등의 죄를 지금 미리 깨달아서 모두 다 영원히 끊어서 다시는 또 짓지 않는 것을 회라고 하므로 참회라 말하느니라.

범부는 어리석고 미혹하여, 다만 그 전의 허물만 뉘우칠 줄 알고 앞으로의 허물은 알지 못하여 뉘우칠 줄 모르므로 예전의 허물이 없어지지 않고 뒤의 허물이 또 생기느니라.

前愆이 旣不滅하고 後過가 復又生이어니 何名懺悔리오
전건 기불멸 후불과 부우생 하명참회

善知識 旣懺悔已인댄 與善知識으로 發四弘誓願
선지식 기참회이 여선지식 발사홍서원

호리니 各須用心正聽하라 自心衆生無邊誓願度하며
각수용심정청 자심중생무변서원도

自心煩惱無邊誓願斷하며 自性法門無盡誓願學
자심번뇌무변서원단 자성법문무진서원학

하며 自性無上佛道誓願成이니라
자성무상불도서원성

善知識아 大家가 豈不道衆生無邊誓願度아 恁麼
선지식 대가 기불도중생무변서원도 임마

앞의 허물이 없어지지 않고 뒤의 허물이 다시 또 생기면 어찌 참회라 하겠느냐.

선지식아! 이미 참회를 하였으니 선지식과 더불어 〈사홍서원〉을 일으키자.

각각 마음을 바로 하여 잘 들어라.

내 마음의 중생이 가 없지만 기어코 제도하겠으며, 내 마음의 번뇌가 가 없지만 기어코 끊겠으며, 내 마음의 법문이 한이 없지만 맹세코 배우겠으며, 자성의 위없는 불도를 맹세코 이루겠습니다.

선지식아!「대중이 중생이 가 없지만 맹세코 건지겠습니다.」라고 이와 같이 말하는 것은 이 혜능이 제도

道는 且不是惠能이 度라
善知識의 心中衆生인 所謂邪迷心과 誑妄心과 不
善心과 嫉妬心과 惡毒心如是等心이 盡是衆生이니
各須自性自度가 是名眞度라 何名自性自度오
卽自心中에 邪見煩惱愚癡衆生을 將正見度니 旣
有正見인댄 使般若智로 打破愚癡迷妄衆生하야 各

하는 것이 아니니라.

각자의 마음 가운데 중생인 이른바 삿되고 미혹한 마음, 속이고 망령된 마음, 착하지 못한 마음, 질투하는 마음, 악독한 마음 등 이와 같은 마음이 다 이 중생이니 각각 모름지기 자성으로 스스로 제도하는 것을 참된 제도라 하느니라.

어떤 것을 자성으로 스스로 제도하는 것이라 하는가 하면, 즉 자기의 마음 가운데에 삿된 견해와 번뇌와 어리석음의 중생을 바른 견해로 제도하는 것이다.

이미 바른 견해가 있으므로 반야의 지혜로 어리석고 미혹하여 망령된 중생을 쳐 부수어 각각 스스로 제도

各自度호대 邪來에 正度하고 迷來에 悟度하고 愚來에
각자도　　사래　정도　　미래　오도　　우래

智度하고 惡來에 善度니 如是度者라 名爲眞度니라
지도　　악래　선도　여시도자　명위진도

又煩惱無邊誓願斷은 將自性般若智하야 除却虛
우번뇌무변서원단　장자성반야지　　제각허

妄思想心이 是也니라 又法門無盡誓願學은 須自
망사상심　시야　　우법문무진서원학　수자

見性하야 常行正法이 是名眞學이니라 又無上佛道誓
견성　　상행정법　시명진학　　우무상불도서

願成은 旣常能下心하야 行於眞正하고 離迷離覺하야
원성　기상능하심　　행어진정　　이미리각

하되, 삿된 것이 오면 바른 것으로 제도하고 미혹함이 오면 깨달음으로 제도하고 어리석음이 오면 지혜로 제도하고 악이 오면 선으로 제도하는 이와 같은 제도를 참된 제도라 하느니라.

또 번뇌가 가 없지만 기어이 끊겠다 하는 것은 자성의 반야 지혜로 허망한 사상(思想)을 없애버리는 것이며, 또 법문이 다함이 없지만 맹세코 배우겠습니다 하는 것은 모름지기 스스로 견성하여 항상 정법을 행하는 것이며 참된 배움이라 하느니라.

또 위 없는 불도를 맹세코 이루겠습니다 하는 것은 항상 하심하여 참되고 바른 것을 행하고 미혹도 여의

常生般若ᄒᆞ고 除眞除妄ᄒᆞ야 卽見佛性ᄒᆞ면 卽言下에
상생반야 제진제망   즉견불성   즉언하
佛道成ᄒᆞ야 常念修行이니 是願力法이니라
불도성   상념수행   시원력법
善知識아 今發四弘願了인댄 更與善知識으로 授無
선지식 금발사홍원료   갱여선지식   수무
相三歸依戒호리라 善知識아 歸依覺二足尊ᄒᆞ며 歸
상삼귀의계   선지식 귀의각이족존   귀
依正離欲尊ᄒᆞ며 歸依淨衆中尊이니 從今日去ᄒᆞ야
의정이욕존   귀의정중중존   종금일거
稱覺爲師ᄒᆞ고 更不歸依邪魔外道니라 以自性三
칭각위사   갱불귀의사마외도   이자성삼

고 깨달음도 여의어서 항상 반야를 내고 참도 없애고 거짓도 없애어 불성을 보며 곧 말 아래 불도를 이루는 것이다.

항상 수행을 생각하여라. 이것이 원력의 법 이니라.

선지식아! 이제 사홍서원을 일으켰으니 다시 선지식들에게 상이 없는 삼귀의의 계를 주겠노라.

선지식아! 깨달음의 〈이족존〉께 귀의하며 올바름의 〈이욕존〉께 귀의하며 청정함의 〈중중존〉께 귀의하여라.

오늘부터는 깨달음을 스승으로 삼고 다시는 삿된 악마와 외도에 귀의하지 말고 자성삼보로써

寶로 常自證明하고 勸善知識하야 歸依自性三寶케하노니 佛者는 覺也요 法者는 正也요 僧者는 淨也라 自心이 歸依覺하야 邪迷不生하고 少欲知足하야 能離財色이 名二足尊이오 自心이 歸依正하야 念念無邪見하고 以無邪見故로 卽無人我貢高와 貪愛執著이 名離欲尊이오

항상 스스로 증명하고 선지식에게 권하여 자성삼보에 귀의하게 하라.

〈불〉이라는 것은 깨달음이요,

〈법〉이라는 것은 바른 것이요,

〈승〉이라는 것은 청정함이다.

자기 마음이 깨달음에 귀의하여 삿됨과 미혹함이 일어나지 않고 욕심이 적어 만족할 줄 알아서 재물과 여색에서 떠남에 이족존이라 하고, 자기의 마음이 바른 곳에 귀의하여 생각 생각에 사견이 없고 사견이 없으므로 곧 나다 남이다 하며 잘난 체함과 탐욕과 애욕의 집착이 없음에 이욕존이라 하며,

自心이 歸依淨하야 一切塵勞愛慾境界에 自性이
자심   귀의정   일체진로애욕경계   자성
皆不染著이 名衆中尊이니라
개불염착   명중중존
若修此行하면 是自歸依어늘 凡夫는 不會하야 從日
약수차행   시자귀의   범부   불회   종일
至夜토록 受三歸戒하나니 若言歸依佛인댄 佛在何
지야   수삼귀계   약언귀의불   불재하
處오 若不見佛인댄 憑何所歸리오 言却成妄이로다
처   약불견불   빙하소귀   언각성망
善知識아 各自觀察하야 莫錯用心이어다
선지식   각자관찰   막착용심

자기의 마음이 청정함에 귀의하여 일체의 번뇌와 애욕의 경계에 자성이 물들거나 집착하지 않음에 중중존이라 하느니라.

만일 이런 행을 닦으면 이것이 스스로 귀의하는 것인데 범부는 알지 못해서 해가 지고 밤이 되도록 삼귀의의 계를 받는다 하는데, 만일 부처님께 귀의한다고 말하지만 부처님이 어느 곳에 계시며, 만일 부처님을 보지 못했다면 무엇을 빙자하여 귀의한단 말인가? 말이 도리어 허망함을 이루는 구나.

선지식아! 각각 스스로 관찰하여 마음을 잘못 쓰지 않도록 하여라.

經文에 分明言自歸依佛하고 不言歸依他佛하시니
경문 분명언자귀의불 불언귀의타불
自佛不歸하면 無所依處니 今旣自悟인댄 各須歸依
자불불귀 무소의처 금기자오 각수귀의
自心三寶하야 內調心性하고 外敬他人이 是自歸依
자심삼보 내조심성 외경타인 시자귀의
也니라
야

善知識아 旣歸依自三寶竟인댄 各各至心하라
선지식 기귀의자삼보경 각각지심
吾與說一體三身自性佛하야 令汝等으로 見三身了
오여설일체삼신자성불 영여등 견삼신료

경문(화엄경 정행품)에서 분명히 말씀하시기를 「스스로 부처에게 귀의하라.」했고 다른 부처에게 귀의하라 말하지 않았으니 자기 부처에 귀의하지 않는다면 의지할 곳이 없으리라. 이제 스스로 깨달았으면 각자 자기 마음의 삼보에게 귀의하여 안으로 심성을 고르게 하고 밖으로 다른 사람을 공경하여라. 이것이 스스로 귀의하는 것이니라.

선지식아! 이미 자기의 삼보에게 귀의하였으니 각각 지극한 마음을 가져라. 내가 하나의 바탕이면서 세 가지 몸인 자성(自性)불을 설하여 너희들로 하여금 세 가지의 몸이 뚜렷함을 보게 하고 스스로 자성을 깨달

然하야 自悟自性케호리니 總隨我道호대 於自色身에
연   자오자성   총수아도   어자색신
歸依淸淨法身佛하며 於自色身에 歸依圓滿報身
귀의청정법신불   어자색신   귀의원만보신
佛하며 於自色身에 歸依千百億化身佛이니라
불   어자색신   귀의천백억화신불
善知識아 色身은 是舍宅이라 不可言歸向者어니와
선지식   색신   시사택   불가언귀향자
三身佛은 在自性中하니 世人이 總有언마는 爲自心
삼신불   재자성중   세인   총유   위자심
迷하야 不見內性일새 外覓三身如來하고 不見自身
미   불견내성   외멱삼신여래   불견자신

게 하리니 나를 따라 외워라.

〈자기 육신의 청정법신불에 귀의하며, 자기 육신의 원만 보신불에 귀의하며, 자기 육신의 천 백억 화신불에 귀의합니다.〉

선지식아! 육신은 집과 같아서 여기에 귀의한다고 말할 수 없는 것이다.

삼신(三身)불은 자성 가운데 있고 세상사람들이 모두 다 갖고 있으면서도 자기의 마음이 미혹하여 안으로 성품을 보지 못하고 밖으로 삼신 여래를 찾느라고 자신 가운데에 삼신불이 있는 것을 보지 못하는 구나.

中에 有三身佛하나니 汝等은 聽說하라
令汝等으로 於自身中에 見自性에 有三身佛케호리니
此三身佛은 從自性生이오 不從外得이니라
何名淸淨法身고 世人이 性本淸淨하야 萬法이 從自性生이니 思量一切惡事하면 卽生惡行하고 思量一切善事하면 卽生善行하라

　너희들은 잘 들어라.

　너희들로 하여금

자기 몸 안의 자성에

삼신불이 있는 것을 보게 하겠노라.

　이 삼신불은 자성으로부터 나오는 것이지 밖에서 얻는 것이 아니니라.

　어떤 것을 청정법신이라 하는가 하면,

세상 사람들의 성품은 본래 청정하여

만법이 자성에서 나온다.

　온갖 악한 일을 생각하면 곧 악행이 일어나고,

온갖 선한 일을 생각하면 곧 선행이 나오느니라.

如是諸法이 在自性中이
여시제법 재자성중
如天常淸에 日月이 常明
여천상청 일월 상명
이언마는 爲浮雲의 蓋覆하야 上明下暗이라가 忽偶風吹
위부운 개부 상명하암 홀우풍취
雲散하면 上下俱明하야 萬象이 皆現이니 世人의 性
운산 상하구명 만상 개현 세인 성
常浮游가 如彼天雲하니라
상부유 여피천운
善知識아 智如日이오 慧如月이니 智慧常明이언마는
선지식 지여일 혜여월 지혜상명
於外著境하야 被妄念浮雲의 蓋覆하야 自性이 不
어외착경 피망념부운 개부 자성 부

이와 같이 모든 법이 자성 가운데 있다.

하늘이 맑을 때는 해와 달이 항상 밝지마는, 구름이 덮이면 위는 밝지만 아래는 어둡다가 홀연히 바람이 불면 구름이 흩어져 위와 아래가 다 밝아지고 모든 것이 다 나타나는 것과 같으니라.

세상사람의 성품이 항상 들떠 있음은 저 하늘의 구름과 같음이라.

선지식아!

〈지〉는 해와 같고 〈혜〉는 달과 같아서 지혜는 항상 밝은데 밖으로 경계에 집착해서 헛된 생각의 뜬구름에 덮이므로 자성이 밝지를 못하다가, 만

得明朗이라가 若愚善知識하야 聞眞正法하고 自除
迷妄하야 內外明徹하면 於自性中에 萬法이 皆現이라
見性之人도 亦復如是니 此名淸淨法身佛이니라
善知識아 自心이 歸依自性하면 是歸依眞佛이니 自
歸依者는 除却自性中에 不善心嫉妬心憍慢心
吾我心誑妄 心輕人心慢人心邪見心貢高心과

  일 선지식을 만나서 참된 정법을 듣고 스스로 어리석음과 망령됨을 없애어 안과 밖이 밝게 하면 자성 가운데에 만법이 모두 다 나타나느니라.

  견성한 사람도 또한 이와 같은데 이것을 청정법신불이라 이름하느니라.

  선지식아!

  자기의 마음이 자기의 성품에 귀의하면 이것이 참부처에 귀의하는 것이다.

  스스로 귀의한다는 것은 자성 가운데에 있는 착하지 못한 마음과 질투심과 교만과 나라는 생각과 허황한 생각과 남을 업신여기는 마음과 거만한 마음과 삿된

及一切時中에 不善之行하야 常自見己過하고 不說
급 일 체 시 중   불 선 지 행   상 자 견 기 과   불 설
他人好惡가 是自歸依요 常須下心하야 普行恭敬
타 인 호 악 시 자 귀 의 상 수 하 심   보 행 공 경
하면 即是見性通達하야 更無滯礙니 是自歸依니라
     즉 시 견 성 통 달   갱 무 체 애   시 자 귀 의
何名千百億化身고 若不思萬法하면 性本如空하고
하 명 천 백 억 화 신 약 불 사 만 법   성 본 여 공
一念思量하면 名爲變化니 思量惡事하면 化爲地獄
일 념 사 량   명 위 변 화   사 량 악 사   화 위 지 옥
이오 思量善事하면 化爲天堂이오 毒害는 化爲龍蛇요
     사 량 선 사   화 위 천 당   독 해   화 위 용 사

마음과 잘난 체 하는 마음 등 언제 어디서나 착하지 못한 행을 모두 없애고 항상 자기의 허물을 스스로 보되 다른 사람의 좋고 나쁨을 말하지 않는 이것이 스스로 귀의하는 것이니라.

모름지기 항상 마음을 낮추고 널리 공경을 행하면 곧 자기의 성품을 보고 통달하게 되어 걸리거나 막힘이 없게되니 이것을 스스로 귀의하는 것이라 하느니라.

어떤 것을 천 백억 화신이라 하는가 하면, 만일 만법을 생각지 아니하면 성품이 본래 허공과 같고 한 생각 헤아리면 이것을 변화라 하는데, 악한 일을 생각하면 변화하여 지옥이 되고 선한 일을 생각하면 변화하

慈悲는 化爲菩薩이오 智慧는 化爲上界요 愚痴는
자비 화위보살   지혜 화위상계   우치

化爲下方이라 自性이 變化甚多어늘 迷人이 不能省
화위하방   자성 변화심다   미인 불능성

覺하고 念念起惡하야 常行惡道하나니 廻一念善하면
각   염념기악   상행악도   회일념선

智慧卽生이니 此名自性化身佛이니라
지혜즉생   차명자성화신불

何名圓滿報身고 譬如一燈이 能除千年闇하야 一
하명원만보신 비여일등   능여천년암   일

智가 能滅萬年愚하나니 莫思向前하라
지   능멸만년우   막사향전

여 천당이 되며 모진 해를 입히면 변화하여 용이나 뱀이 되고 자비를 베풀면 변화하여 보살이 되고 지혜로우면 변화하여 천상세계가 되고 어리석으면 변화하여 악도가 되느니라.

　자성이 변화가 매우 많은데 미혹한 사람은 살펴 깨닫지 못하고 생각 생각에 악을 일으켜서 항상 악도에 떨어지는데 한 생각 돌이켜 착해지면 지혜가 곧 생기니, 이것을 이름하여 자성의 화신불이라 하느니라. 어떤 것을 원만보신이라 하는가하면 비유하건대, 한 등이 능히 천년의 어두움을 없애는 것과 같아서 한 지혜가 능히 만년의 어리석음을 없애니 과거를 생각하지

已過라 不可得이니 常思於後하야 念念圓明하야 自
이과 불가득   상사어후   염념원명   자

見本性이니 善惡이 雖殊나 本性이니 無二라
견본성   선악 수수   본성   무이

無二之性이 名爲實性이니 於實性中에 不染善惡이
무이지성 명위실성   어실성중   불염선악

此名圓滿報身佛이니라
차명원만보신불

自性에 起一念惡하면 滅萬劫善因이오 自性에 起一
자성 기일념악   멸만겁선인   자성 기일

念善하면 得恒沙惡盡이니 直至無上菩提하야 念念
념선   득항사악진   직지무상보리   염념

말아라.

　이미 지난 것은 얻지 못하니,
항상 후일을 생각하여 생각 생각을 뚜렷하고 밝게 하여 스스로 본성을 보는 것이니, 선과 악은 비록 다르지만 본래 성품은 둘이 아니니라.

　둘이 없는 성품을 참다운 성품이라 하는데, 참다운 성품 가운데에서 선악에 물들지 않는 것을 원만보신불이라 하느니라.

　자성에 한 생각 악한 것을 일으키면 만겁동안 착한 씨앗이 없어지고, 자성에 한 생각 착한 것을 일으키면 항하의 모래수 같은 악이 모두 다 없어지니, 곧 바로

自見하야 不失本念이 名爲報身이니라
善知識아 從法身思量하면 卽是化身佛이오 念念自性自見하면 卽是報身佛이오 自悟自修하는 自性功德이 是眞歸依니라 皮肉은 是色身이니 色身은 是舍宅이라 不言歸依也요 但悟自性三身하면 卽識自性佛이니라

위없는 보리에 이르러서 생각생각 자성을 보아 근본 마음을 잃지 않는 것을 보신이라 하느니라.

선지식아!

법신에서 생각하면 이것이 곧 화신불이고, 생각 생각에 자성을 스스로 보면 이것이 곧 보신불이다.

스스로 깨닫고 스스로 닦는 자성 공덕이 참다운 귀의이니라.

가죽과 살은 육신이고 육신은 집이라 귀의한다고 말할 수 없느니라.

다만 자성의 삼신을 깨달으면 곧 자성불을 아는 것이니라.

吾有一無相頌호니 若能誦持하면 言下에 令汝로 積
오유일무상송   약능송지   언하   영여 적
劫迷罪를 一時消滅하리라 頌曰
겁미죄   일시소멸   송왈
　迷人은 修福不修道하야 只言修福이 便是道라하나니
　미인   수복불수도   지언수복   변시도
　布施供養福無邊이나 心中三惡元來造로다
　보시공양복무변   심중삼악원래조
　擬將修福欲滅罪인댄 後世에 得福罪還在니
　의장수복욕멸죄   후세   득복죄환재
　但向心中除罪緣하면 各自性中眞懺悔니라
　단향심중제죄연   각자성중진참회

　　내게 한 무상송이 있으니 만일 외우고 지니면 말 아래에 너희로 하여금 오랜 겁 동안 쌓아온 미혹한 죄를 일시에 소멸케 하리라."

　　　미혹한 사람은 복만 닦고 도를 닦지 아니하며
　　　단지 말하기를 복을 닦음이 곧 도라 하나니
　　　보시하고 공양하는 것이 복이 많지만
　　　마음 가운데 삼악은 원래 지었도다.
　　　생각에 복을 닦아 죄를 없애려고 하지만
　　　후세에 복은 받아도 죄는 도리어 있네
　　　다만 마음 가운데의 죄의 인연을 없애면
　　　각각 자기의 성품 가운데 참다운 참회니라.

忽悟大乘眞懺悔하야 除邪行正卽無罪니
홀오대승진참회 제사행정즉무죄

學道에 常於自性觀하면 卽與諸佛同一類리라
학도 상어자성관 즉여제불동일류

吾祖가 惟傳此頓法하사 普願見性同一體하시니
오조 유전차돈법 보원견성동일체

若欲當來覓法身인댄 離諸法相心中洗니라
약욕당래멱법신 이제법상심중세

努力自見莫悠悠하라 後念이 忽絶하면 一世休니
노력자견막유유 후념 홀절 일세휴

若悟大乘得見性인댄 虔恭合掌至心求니라
약오대승득견성 건공합장지심구

홀연히 대승의 참다운 참회를 깨달아서

삿됨을 없애고 바른 것을 행하면 곧 죄가 없으리.

도를 배우며 항상 자성을 관하면

곧 부처님과 더불어 한가지가 되리라.

우리 조사가 오직 이 돈법을 전하여

널리 견성을 하여 일체가 되기를 원하시네.

만일 앞으로 법신을 찾고자 하면

모든 법상을 여의고 마음을 씻어라.

힘써 스스로를 보고 한가히 지내지 말아라.

뒷생각이 홀연히 끊어지면 한 세상 쉬는 것이니

만일 대승을 깨달아 견성 하려면

정성스레 합장 공경하고 지극한 마음으로 구하여라.

師言하사대 善知識아 總須誦取하야 依此修行하야 言
下에 見性하면 雖去吾千里라도 如常在吾邊이어니와
於此言下에 不悟하면 卽對面千里니 何勤遠來리오
珍重好去하라 一衆이 聞法하고 靡不開悟하야 歡喜
奉行하니라

대사가 말씀하셨다.

"선지식아! 모두 다 모름지기 외워 이를 의지하고 수행하여 말 아래 견성하면 비록 내게서 천리를 가더라도 항상 내 곁에 있는 것과 같고 말 아래 깨닫지 못하면 얼굴을 맞대고 있어도 천리를 떨어져 있는 것과 같으니 어찌하여 멀리서 힘들여 오겠느냐? 아무쪼록 잘 가거라."

대중들이 법을 듣고 깨닫지 않은 사람이 없어 환희하여 받들어 행하였다.

第七 機緣品
제칠 기연품

師自黃梅得法하사 回至韶州曹侯村하시니 人無知
사자황매득법   회지소주조후촌   인무지
者요 有儒士劉志略이 禮遇甚厚러라
자 유유사류지략   예우심후
志略이 有姑爲尼하니 名이 無盡藏이라 常誦大涅槃
지략   유고위니   명   무진장   상송대열반
經이러니 師가 暫聽하시고 卽知妙義하사 遂爲解說하신대
경   사   잠청   즉지묘의   수위해설

제칠. 기연품

   대사가 황매로부터 법을 얻으시고 소주의 조후촌으로 돌아오시니
아는 사람이 아무도 없었는데 선비인 유지략이 매우 두터운 예로 대접하였다.
   지략의 고모가 비구니였는데
이름은 무진장이었다.
   항상 대열반경을 외웠는데
대사께서 잠깐 들으시고는
곧 그 심오한 뜻을 아시고 해설하여 주시니

尼乃執卷問字어늘 師가 曰字卽不識이나 義卽請問
니내집권문자　　사　왈자즉불식　　의즉청문
하라 尼가 曰字尙不識이어니 曷能會義리잇고
　　 니　왈자상불식　　　 갈능회의
師가 曰諸佛妙理는 非關文字니라
사　왈제불묘리　 비관문자
尼가 驚異之하야 遍告里中耆德云호대 此是有道之
니　경이지　　 변고이중기덕운　　 차시유도지
士니 宜請供養하라한대 有晋武侯玄孫曹叔良과 及
사　 의청공양　　　　유진무후현손조숙량　 급
居民이 競來瞻禮러라
거민　 경래첨례

　　그 비구니가 책을 잡고 글자를 묻기에 대사가 말씀
하시길 "글자는 알지 못하니 뜻을 물어라."하시니.
　　비구니가 말하기를
"글자도 알지 못하는데 뜻을 어떻게 압니까?"하므로
대사가 말씀하시길
"모든 부처님의 묘한 진리는 문자와 관계가 없느니
라."하셨다. 비구니가 놀라고 이상히 여겨서
　　마을을 두루 다니며 덕이 높은 노인들에게 말하기를
「이 사람은 반드시 도가 있는 선비이니 마땅히 청하여
공양하십시오.」하였기에 진무후의 현손인 조숙량과
주민들이 다투어 와서 뵈었다.

時에 寶林古寺는 自隋末로 兵火已廢러니 遂於故
시   보림고사   자수말   병화이폐   수어고
基에 重建梵宇하고 延師居之하니 俄成寶坊이라
기   중건범우   연사거지   아성보방
師住가 九月餘日에 又爲惡黨의 尋逐하야 師乃遁
사주   구월여일   우위악당   심축   사내둔
于前山이라가 被其縱火焚草木하야 師가 隱身挨入
우전산   피기종화분초목   사   은신애입
石中하야 得免이러시니 石이 於是에 有師趺坐膝痕과
석중   득면   석   어시   유사부좌슬흔
及衣布之紋이라 因名避難石하다
급의포지문   인명피난석

  그때 보림사라는 옛절이
수나라 말기의 병화로 폐허가 되어 있었는데
이 빈터에 다시 법당을 세우고 대사를 맞이하여 지내시게 하니
얼마 안되어 사찰이 이룩되었다.

  대사가 머무신 지 9개월쯤, 또 나쁜 무리에게 쫓기게 되어 대사가 앞산으로 피하시자 그들이 불을 질러 초목을 다 태웠다.

  대사는 돌 틈에 몸을 숨겨 화를 면하셨는데 그때 대사께서 가부좌 하셨던 돌에 무릎 흔적과 옷자락 무늬가 남아 있어 피난석이라고 이름하였다.

師憶五祖의 懷會止藏之囑하시고 遂行하야 隱于二
邑焉하시니라
一僧法海는 韶州曲江人也라 初參祖師하고 問曰
卽心卽佛을 願垂指諭하소서 師가 曰前念不生이 卽
心이오 後念不滅이 卽佛이며 成一切相이 卽心이오
離一切相이 卽佛이니 吾若具說인댄 窮劫不盡이니라

　　대사는 오조께서 회(懷)를 만나면 머물고 회(會)를 만나면 숨으라고 당부하시던 것을 기억하시고 이 두 고을에 몸을 숨기셨다. 법해라는 스님은 소주의 곡강 사람이다. 처음 조사를 참례하고 묻기를

　　"지금 이 마음이 곧 부처다 하는 것을 원하옵건대 가르쳐 주십시오."하니

　　대사가 말씀하셨다.

　　"앞생각이 나지 않는 것이 곧 마음이요 뒷생각이 없어지지 않는 것이 곧 부처이며 일체의 상(相)을 이루는 것이 곧 마음이요 일체의 상을 여의는 것이 곧 부처인데 내가 만일 이를 다 말하려면 겁이 다 하여도 다

聽吾偈하라 曰
　　即心名慧요　　　即佛乃定이니
　　定慧等持하면　　意中清淨하리라
　　悟此法門은　　　由汝習性이니
　　用本無生이라　　雙修是正이니라
法海가 言下에 大悟하야 以偈讚曰호대

하지 못하느니라."

　나의 게송을 들어 보라.

　　　마음이 곧 혜요
　　　부처가 곧 정(定)이니
　　　정과 혜가 서로 같으면
　　　그 뜻이 청정하리라.
　　　나의 이 법문을 깨달음은
　　　너의 습성을 말미암음이니
　　　용(用)은 본래 나는 것이 아니므로
　　　쌍으로 닦음이 옳으리라.

　법해가 말씀 아래 크게 깨달아 게송으로 찬탄하였다.

卽心이 元是佛이어늘 不悟而自屈하나니
즉심   원시불   불오이자굴
我知定慧因하야 雙修離諸物이로다
아지정혜인   쌍수이제물
僧法達은 洪州人이라 七歲에 出家하야 常誦法華經
승법달   홍주인   칠세   출가   상송법화경
이러니 來禮祖師에 頭不至地어늘 師가 訶曰禮不投
        내례조사   두불지지   사   가왈예불투
地하니 何如不禮리오 汝心中에
지   하여불례   여심중
必有一物이니 蘊習何事耶아 曰念法華經을
필유일물   온습하사야   왈염법화경

지금 이 마음이 원래 부처인 것을
깨닫지 못하고 스스로 바르지 못하였는데
나는 이제 정과 혜의 원인을 알았으니
쌍으로 닦아 모든 물건을 여의겠습니다.

법달 스님은 홍주 사람이다. 7세에 출가하여 항상 법화경을 외웠는데 조사에게 예배드릴 때에 머리가 땅에 닿지 않으므로 조사가 꾸짖으며

"절을 할 때 머리가 땅에 닿지 않으니 절을 하지 않는 것과 같지 않느냐. 네 마음속에 반드시 한 물건이 있기 때문인데 무슨 일을 쌓아 익혔느냐."

하시니 "법화경을

已及三千部이이다

祖가 曰汝若念至萬部하야 得其經意라도 不以爲勝

則與吾偕行이어니와 汝今負此事業하야 都不知過하니

聽吾偈하라 曰

禮本折慢幢이어늘 頭奚不至地오

有我면 罪卽生이오 亡功하면 福無比니라

이미 삼천 번이나 외웠습니다." 하기에

대사가 말씀하시기를

"네가 만일 만 번을 외워 그 경의 뜻을 얻었더라도 그것을 자랑으로 삼지 않으면

나와 더불어 함께 행할 것인데

네가 지금 그 일을 자부하며 도무지 허물을 알지 못하니 나의 게송을 들어보아라."

　　예배(禮拜)는 본래 아만의 깃발을 꺾자는 것인데
　　어찌하여 머리가 땅에 닿지를 않는가
　　나라는 생각이 있으면 허물이 생겨나고
　　공(功)을 잊으면 복이 한량없으리라.

師가 又曰汝名이 什麼오 曰法達이니이다 師가 曰汝
名法達이나 何曾達法이리오 復說偈曰

汝今名法達이나　勤誦未休歇하니
空誦하면 但循聲이오　明心하면 號菩薩이니다
汝今有緣故로　吾今爲汝說하노니
但信佛無言하면　蓮華가 從口發하리라

대사가 다시 "너의 이름이 무엇인가." 하시니 "법달입니다." 하므로 "너의 이름이 법달이라. 하지만 어찌 법을 통달했겠느냐." 하시며 다시 게송을 설하셨다.

> 네가 방금 법달이라 하였는데
> 부지런히 외울 뿐 쉬지 못하니
> 공연히 외우면 소리만 쫓고
> 마음을 밝히면 보살이라 이름하리
> 네가 이제 인연이 있으므로
> 내가 이제 너를 위하여 설하리라.
> 다만 부처님은 말이 없음을 믿으면
> 연꽃이 입에서 피어나리라.

達이 聞偈悔謝曰 而今而後에 當謙恭一切호리이다
달   문게회사왈 이금이후   당겸공일체
弟子가 誦法華經호대 未解經義하야 心常有疑로소니
제자   송법화경   미해경의   심상유의
和尙은 智慧廣大하시니 願略說經中義理하소서
화상   지혜광대   원략설경중의리
師가 曰法達은 法卽甚達이나 汝心不達이니 經本無
사   왈법달   법즉심달   여심부달   경본무
疑어늘 汝心自疑로다 汝念此經에 以何爲宗고 達이
의   여심자의   여념차경   이하위종   달
曰學人은 根性이 暗鈍하야
왈학인   근성   암둔

  법달이 게송을 듣고 깊이 뉘우치며 말씀드렸다.
  "이제부터는 마땅히 일체에 대하여 겸손하겠으며, 공경하겠습니다. 제자가 법화경을 외웠으나 경의 뜻을 알지 못해서 마음에 항상 의심이 있었는데 화상께서는 지혜가 넓고 크시니 원컨대 간략하게 경의 뜻을 말씀해주십시오."
  대사가 말씀하셨다.
  "법달이 법에는 잘 통달했으나 네 마음은 통달하지 못했구나. 경은 본래 의심할 것이 없는 것인데 네 마음이 스스로 의심하는구나. 네가 이 경을 외울 때 무엇으로써 근본을 삼느냐?"

從來로 但依文誦念이어니 豈知宗趣리잇고
종래 단의문송념 기지종취

師가 曰吾不識文字하니 汝試取經하야 誦之一偏하라
사 왈오불식문자 여시취경 송지일편

吾當爲汝解說호리라 法達이 卽高聲念經하야 至譬
오당위여해설 법달 즉고성념경 지비

喩品이어늘
유품

師가 曰 止하라 此經은 元來以因緣出世로 爲宗이니
사 왈 지 차경 원래이인연출세 위종

縱說多種譬喩라도 亦無越於此니라
종설다종비유 역무월어차

법달이 말하기를

"저는 근성이 어둡고 둔하여 이제까지 문자에만 의지하여 외웠을 뿐이니 어찌 근본취지를 알겠습니까?" 하므로

조사가 말씀하셨다.

"내가 문자를 모르니 네가 경을 가지고 한번 외워 보아라. 내가 마땅히 너를 위해 해설해 주리라."

법달이 곧 고성으로 경을 외워 〈서품, 방편품, 비유품〉에 이르렀을 때 조사가 이르시기를

"그쳐라 이 경은 원래 〈인연 출세〉로써 근본을 삼았으니 비록 여러 가지의 비유를 설하지만 이를 넘지 않

何者因緣고 經에 云諸佛世尊이 唯以一大事因緣
하자인연 경   운제불세존 유이일대사인연
故로 出現於世라하시니 一大事者는 佛之知見也라
고   출현어세   일대사자   불지지견야
世人이 外迷著相하고 內迷著空이어니와 若能於相에
세인 외미착상   내미착공   약능어상
離相하고 於空 離空하면 即是內外不迷니 若悟此
이상   어공 이공   즉시내외불미   약오차
法하야 一念心開하면 是爲開佛知見이니라
법   일념심개   시위개불지견
佛은 猶覺也라 分爲四門하니 開覺知見하며 示覺知
불   유각야   분위사문   개각지견   시각지

 는다. 어떤 것을 인연이라 하는가 하면 경에 이르시기를 「모든 부처님 세존은 오직 일 대사 인연으로 이 세상에 출현하신다.」하셨는데 일대사(한가지 큰일)란 곧 부처님의 지견이다. 세상 사람들은 밖으로 미혹하여 상(相)에 집착하고 안으로 미혹하여 공(空)에 집착하는데, 만일 상에 대하여 상을 여의고 공에 대하여 공을 여의면 곧 안과 밖이 미혹하지 않을 것이다.

 만일 이 법을 깨달아서 한 순간에 마음이 열리면 이것이 부처님의 지견이 열린 바니라. 부처란 깨달음이라는 뜻인데 나누면 네 가지가 되느니라. 깨달음의 지견을 열고 깨달음의 지견을 보이며 깨달음의 지견을

見하며 悟覺知見하며 入覺知見이라 若聞開示하고 便
견   오각지견   입각지견   약문개시   변
能悟入하면 卽覺知見本來眞性이 而得出現이니 汝
능오입   즉각지견본래진성   이득출현   여
愼勿錯解經意하야 見他道開示悟入하고 自是佛
신물착해경의   견타도개시오입   자시불
之知見이라 我輩는 無分이니 若作此解하면 乃是謗
지지견   아배   무분   약작차해   내시방
經毁佛也니라 彼旣是佛이라 已具知見이어니 何用
경훼불야   피기시불   이구지견   하용
更開리오 汝今當信 佛知見者인댄 只汝自心이오
갱개   여금당신 불지견자   지여자심

깨닫게 하고 깨달음의 지견에 들게 하는 것이다. 만일 열어 보이심을 듣고 문득 깨달아 들어가면 곧 깨달음의 지견인 본래의 참 성품이 나타날 것이다.

네가 경의 뜻을 잘못 알아서 「열어 보이어 깨달아 들어가게 한다.」고 하신 것에 대하여 이것은 부처님의 지견이지 우리들에게는 없다고 생각하지 말아라.

만일 이렇게 이해하면 이것은 경을 비방하는 것이며 부처님을 헐뜯는 것이다. 자기가 이미 부처님이고 이미 지견을 갖추었는데 어찌 다시 열 것이 있겠는가, 너는 이제 마땅히 믿어라.

부처님의 지견이라는 것은 다만 너 자신의 마음이지

更無別佛_{이어늘} 蓋爲一切衆生_이 自蔽光明_{하고} 貪
갱무별불   개위일체중생   자폐광명   탐
愛塵境_{하야} 外緣內擾_{하야} 甘受驅馳_{일새} 便勞他世
애진경   외연내요   감수구치   변노타세
尊_의 從三昧起_{하사} 種種苦口_로 勸令寢息_{이니} 莫向
존   종삼매기   종종고구   권령침식   막향
外求_{하면} 與佛無二_라 故_로 云開佛知見_{이라하시니} 吾
외구   여불무이   고   운개불지견   오
亦勸一切人_{하노니} 於自心中_에 常開佛之知見_{이어다}
역권일체인   어자심중   상개불지견
世人_이 心邪_{하야} 愚迷造罪_{하야} 口善心惡_{하야} 貪瞋
세인   심사   우미조죄   구선심악   탐진

다시 다른 부처님이 없느니라. 대체로 모든 중생이 스스로 광명을 가리고 육진 경계를 탐내고 애착하여서 밖으로 인연을 일으키고 안으로 흔들려서 쫓고 쫓기는 시달림을 달게 받으므로 부처님께서 수고스럽게도 삼매에서 일어나셔서 갖가지 간곡한 말씀으로 권하여 편안히 쉬게 하셨느니라. 밖을 향하여 구하지 않으면 부처님과 더불어 둘이 아니니라. 그러므로 부처님의 지견을 연다 하셨느니라. 나도 사람들에게 권하는데 자기의 마음 가운데서 부처님의 지견을 항상 열어라.

　　세상 사람들은 마음이 삿되여 어리석고 미혹하여 죄를 짓게 되며 입으로는 착하지만 마음으로는 악해서 탐내고

嫉妬와 諂佞我慢으로 侵人害物하야 自開衆生知見이어니와 若能正心으로 常生智慧하야 觀照自心하야 止惡行善하면 是自開佛之知見이니 汝須念念에 開佛知見하고 勿開衆生知見이어다 開佛知見하면 卽是出世요 開衆生知見하면 卽是世間이니 汝若但勞勞執念하야 以爲功課者인댄 何異犛牛愛尾리요

성내며 질투하는 마음과 아첨하고 교만함으로 남을 해치고 사물을 해롭게 하여 스스로 중생의 지견을 여느니라. 만일 바른 마음으로 항상 지혜를 내어서 자기의 마음을 비추어 보아 악을 그치고 선을 행하면 이것이 스스로 부처의 지견을 여는 것이니 너는 모름지기 생각 생각에 부처의 지견을 열고 중생의 지견은 열지 말아라. 부처의 지견을 열면 이것이 곧 세간을 떠난 것이고 중생의 지견을 열면 곧 세간이니 네가 만일 힘들여 경이나 외우고 생각을 집착하는 것으로써 공부를 삼는다면 이우(길고 칼같은 꼬리를 스스로 핥다가 죽는다는 소)가 제 꼬리를 애착하는 것과 무엇이 다르겠느냐."

達이 曰 若然者인댄 但得解義요 不勞誦經耶잇가
달 왈 약연자   단득해의   불로송경야

師가 曰 經有何過완대 豈障汝念이리오
사 왈 경유하과   기장여념

只爲迷悟가 在人하고 損益이 由己니 口誦心行하면
지위미오   재인   손익   유기   구송심행

卽是轉經이요 口誦心不行하면 卽是被經轉이니라
즉시전경   구송심불행   즉시피경전

聽吾偈하라 曰
청오게   왈

　　心迷에 法華가 轉이오 　心悟에 轉法華니
　　심미   법화   전   　심오   전법화

　　법달이 말하기를 "만일 그렇다면 뜻만 이해하고 경은 수고스럽게 외울 필요가 없습니까?" 하니

　　조사가 말씀하셨다. "경에 무슨 허물이 있어서 너보고 못 외우게 하겠느냐 다만 미혹함과 깨달음이 사람에게 있고 손해와 이익이 자기에게 달렸으니 입으로 외우며 마음으로 행하면 이것이 곧 경을 굴리는 것이고 입으로 외우지만 마음으로 행하지 아니하면 이것은 경에게 굴림을 받는 것이니라."

　　나의 게송을 들어라.

　　　마음이 미혹하면 법화경이 너를 굴리고
　　　마음이 열리면 네가 법화경을 굴리느니라.

誦經久不明하면 與義作讐家하리라
송 경 구 불 명　　　여 의 작 수 가

無念에 念即正이오 有念에 念成邪니
무 념　념 즉 정　　　유 념　념 성 사

有無俱不計하면 長御白牛車하리라
유 무 구 불 계　　　장 어 백 우 거

達이 聞偈하고 不覺悲泣하야 言下大悟하야 而告師
달　문 게　　　불 각 비 읍　　　언 하 대 오　　　이 고 사

曰法達이 從昔已來로 實未曾轉法華하고 乃被法
왈 법 달　종 석 이 래　　실 미 증 전 법 화　　내 피 법

華 轉이로소이다
화 전

경을 아무리 외워도 그 뜻을 밝히지 못하면
뜻과는 오히려 원수가 되리라.
생각이 없으면 생각이 곧 바르고
생각이 있으면 생각이 삿 되니
유와 무를 다 따지지 않으면
오래도록 흰 소가 끄는 수레를 타고
놀 수 있으리라.

법달이 게송을 듣고 자기도 모르게 울다가 말 아래에 크게 깨달아서 조사께 말씀드리기를
"저는 이제까지 한번도 법화경을 굴리지 못하고 법화경의 굴림을 받았습니다."하며

再啓曰 經에 云諸大聲聞과 乃至菩薩이 皆盡思
共度量하야도 不能測佛智라하야시늘 今令凡夫로 但
悟自心하면 便名佛之知見이라하시니 自非上根이면
未免疑謗이로소이다
又經에 說三車하시니 羊鹿之車가 與白牛之車로 如
何區別이니잇고 願和尙은 再垂開示하소서

다시 말씀드리기를

"경에서는

대 성문들과 보살들이 모두 생각을 다 하여 함께 헤아
리더라도 부처님의 지혜는 헤아릴 수가 없다 하였는데
지금 범부로 하여금 다만 자기의 마음을 깨달으면 곧
부처님의 지견이라 하시니 자신이 상근기가 아니면 의
심이나 비방을 면하지 못하겠습니다.

또 경에 세 가지 수레를 설하였는데 양이 끄는 수레와
사슴이 끄는 수레가 흰 소가 끄는 수레와 어떻게 다른
지 원하옵건대 화상께서 한번 더 가르침을 열어 주십
시오."하니

師가 曰 經意分明이어늘 汝自迷背로다
사 왈 경의분명   여자미배

諸三乘人이 不能測佛智者는 患在度量也니 饒伊
제삼승인   불능측불지자   환재탁량야   요이

盡思共推라도 轉可懸遠이니라
진사공추   전가현원

佛이 本爲凡夫說이오 不爲佛說이니 此理를 若不肯
불   본위범부설   불위불설   차리 약불긍

信者가 從他退席이니 殊不知坐却白牛車하고 更於
신자   종타퇴석   수부지좌각백우거   갱어

門外에 覓三車로다
문외   멱삼거

조사가 말씀하시길

"경의 뜻이 분명한데 네가 스스로 미혹하여 등진 것이로다. 성문 연각 보살들이 능히 부처님의 지혜를 측량하지 못하는 것도 그 병이 헤아리는 것에 있는 것이다. 그들이 아무리 생각을 다하고 이치를 따져 보아도 점점 더 먼 곳으로 떨어지는 것이니라.

부처님은 본래 범부를 위하여 설하신 것이지 부처님을 위하여 설하신 것이 아니다. 이 이치를 만약 기꺼이 믿지 못하는 것이라면 자리에서 물러가도 좋은데 흰 소가 끄는 수레에 앉아 있으면서 다시 문밖에 있는 세 수레를 찾는 것은 전혀 알 수가 없구나.

況經文에 明向汝道하사대 唯一佛乘이오 無有餘乘
황경문 명향여도   유일불승   무유여승
의 若二若三이며 乃至無數方便과 種種因緣 譬喩
  약이약삼   내지무수방편   종종인연 비유
言詞가 是法이 皆爲一佛乘故라하시니 汝何不省고
언사   시법   개위일불승고   여하불성
三車는 是假라 爲昔時故요 一乘은 是實이라
삼거   시가   위석시고   일승   시실
爲今時故니 只敎汝로 去假歸實이언정 歸實之後엔
위금시고   지교여   거가귀실   귀실지후
實亦無名이라 應知所有珍財가 盡屬於汝하야 由汝
실역무명   응지소유진재   진속어여   유여

하물며 경문에 너희에게 분명히 이르기를
'오직 일불승이요 다른 이승과 삼승은 없다.'
하였고 '수 없는 방편과 가지가지 인연과 비유와 이야기가 곧 법이며 모두 다 일불승을 위한 것이다.' 하셨는데 너는 어찌 살피지 못하는가.

세 가지 수레는 거짓이고 옛날을 위한 것이며 일승은 진실하고 지금을 위한 것이다.

다만 너희로 하여금 거짓을 버리고 참다운 것에 돌아가게 함인데 참다움에 돌아가면 참다움이란 이름도 없느니라.

마땅히 알아라. 온갖 보배와 재물이 다 너에게 속해

受用이니 更不作父想하며 亦不作子想하며 亦無用
수용   갱부작부상   역부작자상   역무용
想이 是名持法華經이라
상   시명지법화경
從劫至劫토록 手不釋卷하며 從晝至夜토록 無不念
종겁지겁   수불석권   종주지야   무불념
時也니라
시야
達이 蒙啓發하고 踊躍歡喜하야 以偈讚曰
달   몽계발   용약환희   이게찬왈
經誦三千部가   曹溪一句亡이로다
경송삼천부   조계일구망

있고 네가 쓰기에 달려 있으니 다시는 아버지라는 생각도 하지 말고 아들이라는 생각도 하지 말며 또 쓴다는 생각도 없어야 하느니라.

이것을 법화경을 지닌다고 이름하느니라.

아득한 과거에서 먼 미래에 이르도록 손에 책을 놓지 않고 아침부터 밤이 되도록 생각지 않는 때가 없음이 되느니라."

법달이 가르침을 받고 뛸 듯이 기뻐하며 게송으로 찬탄하기를

경을 삼천 번 외운 것이
조계의 일 구에 없어졌다.

未明出世旨하면 寧歇累生狂이리오
미명출세지 영헐누생광

羊鹿牛는 權設이오 初中後善揚이라
양록우 권설 초중후선양

誰知火宅內가 元是法中王이리오
수지화택내 원시법중왕

師가 曰汝今後에 方可名念經僧也로다
사 왈여금후 방가명념경승야

達이 從此領玄旨하고 亦不輟誦經이러라
달 종차령현지 역불철송경

僧智通은 壽州安豊人이라
승지통 수주안풍인

출세의 뜻 밝히지 못하면

어찌 여러 생의 미친 짓을 쉴 것인가.

양과 사슴과 소를 방편으로 삼아

처음과 중간과 나중에도 잘 설하셨네

누가 불난 집의 속이

원래 이 법왕의 처소인 줄 알았으랴.

조사가 말씀하셨다.

"네가 이제서야 비로소 경을 외우는 스님이라 이름할 수 있겠구나." 법달이 이때부터

깊은 뜻을 알았으며 경 외우기를 쉬지 않았다. 지통이라는 스님은 수주의 안풍 사람이다.

初看楞伽經을 約千餘遍호대 而不會三身四智하야
禮師코 求解其義한대 師가 曰三身者는 淸淨法身은
汝之性也요 圓滿報身은 汝之智也요
千百億化身은 汝之行也니 若離本性하고 別說三
身하면 卽名有身無智어니와 若悟三身이 無有自性
하면 卽名四智菩提니라 聽吾偈하라 曰,

처음에 능가경 보기를 약 천 번을 하였지만 세 가지의 몸과 네 가지의 지혜를 알지 못해서 조사께 예배하고 그 뜻의 해석을 구하였다.

조사가 이르시길

"세 가지 몸이라는 것에서 청정법신은 너의 성품이고 원만보신은 너의 지혜며 천 백억화신은 너의 행이다. 만일 본성을 여의고 따로 세 가지 몸을 말한다면 곧 몸만 있고 지혜가 없는 것이며, 만일 세 가지 몸에 자성이 없음을 깨달으면 곧 네 가지 지혜의 보리라 한다."

나의 게송을 들어보아라.

自性이 具三身하아 發明成四智하나니
자성 구삼신   발명성사지
不離見聞緣하고 超然登佛地로다
불리견문연   초연등불지
吾今爲汝說하노니 諦信永無迷하야
오금위여설   체신영무미
莫學馳求者의 終日說菩提어다
막학치구자   종일설보리
通이 再啓曰四智之義도 可得聞乎잇가
통   재계왈사지지의   가득문호
師가 曰旣會三身인댄 便明四智니 何更問耶아 若
사   왈기회삼신   변명사지   하갱문야   약

자성이 삼신(三身)을 갖추었으니
이를 밝히면 사지(四智)를 이루나니
보고 듣는 인연을 여의지 않고
초연히 불지(佛地)에 오르도다.
내가 이제 너를 위하여 설하노니
자세히 믿고 영원히 미혹하지 말아서
허겁지겁 달리며 구하는 자가
종일토록 떠드는 보리는 배우지 말아라.

지통이 다시 여쭙기를
"네 가지 지혜의 뜻도 들을 수 있겠습니까?"
하니 대사가 말씀하셨다.

離三身하고 別談四智하면 此名有智無身也니 卽此
리 삼 신   별 담 사 지   차 명 유 지 무 신 야   즉 차
有智가 還成無智니라 復偈曰
유 지   환 성 무 지   부 게 왈

　　大圓鏡智는 性淸淨하고 平等性智는 心無病하며
　　대 원 경 지   성 청 정   평 등 성 지   심 무 병
　　妙觀察智는 見非功이오
　　묘 관 찰 지   견 비 공
　　成所作智는 同圓鏡이로다
　　성 소 작 지   동 원 경
　　五八六七은 果因轉이라
　　오 팔 육 칠   과 인 전

"이미 세 가지 몸을 알았다면 네 가지 지혜를 밝힌 것인데 어찌하여 다시 묻느냐? 만일 삼신을 떠나서 별도로 사지를 말한다면 이것은 지혜만 있고 몸이 없는 것이니 지혜가 도리어 무지(無智)를 이룬 것이니라."

다시 게송으로 말씀하셨다.

　　대원경지는 성품이 청정한 것이고(너,나가 없고, 팔식)
　　평등성지는 마음에 병이 없는 것이며(혼자, 칠식)
　　묘관찰지는 견(見)이 공(功)이 아니요(상대, 육식)
　　성소작지는 둥근 거울과 같은 것이니라.(오식)
　　오식과 팔식은 과(果)이고
　　육식과 칠식은 인(因)을 굴린 것이다.

但用名言無實性이니
若於轉處에 不留情하면
繁興永處那伽定하리라
通이 頓悟性智하야 遂呈偈曰
三身이 元我體요   四智가 本心明이라
身智가 融無碍하야   應物任隨形이로다

이름과 말만 있을뿐 참 성품은 없네
구르는 곳에 마음을 두지 않으면
번잡히 일어나더라도
영원히 나가정(부처님의 삼매)에 있으리라.

지통이
성품의 지혜를 대번에 깨달아서
게송을 바쳤다.

세 가지 몸이 원래 나의 몸이고
네 가지 지혜는 본래 마음의 밝음이라.
몸과 지혜가 원융하여 걸림이 없으니
만물에 응함에 형세 따라 맡기네.

起修가 皆妄動이오 守住匪眞精이라
기수 개망동 수주비진정

妙旨를 因師曉하니 終亡染汚名이로다
묘지 인사효 종망염오명

僧智常은 信州貴谿人이라 髫年에 出家하야 志求見
승지상 신주귀계인 초년 출가 지구견

性이러니 一日에 參禮한대 師가 問曰汝從何來며 欲求
성 일일 참례 사 문왈여종하래 욕구

何事오 曰學人은 近往洪州白峯山하야 禮大通和
하사 왈학인 근왕홍주백봉산 예대통화

尙하고 蒙示見性成佛之義나 未決狐疑일새 遠來投
상 몽시견성성불지의 미결호의 원래투

수행을 일으킴이 모두 망령된 움직임이요.
머무름을 지키는 것도 참다움이 아니네
묘한 뜻을 스승으로 인하여 깨달으니
마침내 물들었다는 이름도 없어지네.

지상스님은 신주 귀계 사람이다.

어릴 때 출가하여 견성하기를 바라다가 어느 날 찾아 뵙고 예를 드리니 조사가 물으셨다.

"너는 어디에서 왔으며 무슨 일을 구하고자 하는가"

"제가 근래에 홍주 백봉산에 가서 대통화상을 뵈었더니 견성성불의 뜻을 보여 주시던데 의심을 풀지 못하여 멀리서 와 예배드리니 엎드려 바라건대 화상께

禮로소니 伏望和尙은 慈悲指示하소서
예   복망화상   자비지시

師가 曰彼가 有何言句오 汝試擧看하라 曰智常이
사   왈피   유하언구   여시거간   왈지상

到彼하야 凡經三月호대 未蒙示誨라 爲法切故로 一
도피   범경삼월   미몽시회   위법절고   일

夕에 獨入丈室하야 請問如何是某甲의 本心本性
석   독입장실   청문여하시모갑   본심본성

이러니 大通이 乃曰汝見虛空否아 對曰見이니다
       대통   내왈여견허공부   대왈견

彼가 曰汝見虛空이 有相貌否아 對曰虛空은 無
피   왈여견허공   유상모부   대왈허공   무

서 자비로 가르쳐 주십시오."

"그곳에서 어떤 말을 하더냐 네가 한번 보여 보아라."

"제가 그곳에 이르러서 석 달이나 지났는데 가르침을 받지 못하였습니다. 법을 위하는 마음이 간절하였으므로 어느 날 저녁에 홀로 방장 실에 들어가「어떤 것이 이 지상의 본마음이고 본 성품입니까?」라고 여쭈었더니 대통화상께서 말씀하시길

「네가 허공을 보았느냐?」하시기에

「보았습니다.」하니

「네가 본 허공이 모양이 있더냐?」하시기에

形이어니 有何相貌리잇고 彼가 曰汝之本性이 猶如虛
형   유하상모   피   왈여지본성   유여허
空하야 了無一物可見이 是名正見이오
공   요무일물가견   시명정견
了無一物可知가 是名眞知며 無有靑黃長短하고
요무일물가지 시명진지 무유청황장단
但見本源淸淨한 覺體圓明이 卽名見性成佛이오
단견본원청정 각체원명   즉명견성성불
亦名如來知見이니라하야시늘 學人이 雖聞此說이나 猶
역명여래지견   학인   수문차설   유
未決了로소니 乞和尙은 開示하소서
미결료   걸화상   개시

「허공은 형체가 없는데 무슨 모양이 있겠습니까!」하였더니

말씀하시길

「너의 본래 성품도 허공과 같아서 마침내 한 물건도 볼 것이 없는데 이것을 정견이라 한다. 마침내 한 물건도 알 것이 없음을 깨달으면 이것이 참되게 아는 것이며 푸른 것, 노란 것, 긴 것, 짧은 것이 없고 다만 근본 바탕이 청정하고 깨달음의 본체가 뚜렷이 밝음을 보는 것이 곧 견성 성불이며 여래의 지견이라 하셨습니다.」 제가 비록 이 말씀을 들었으나 확실히 알지 못했사오니 빌건대 화상께서 가르쳐 주십시오."

師가 曰彼師所說이 猶存見知일새 故로 令汝未了니
사 왈피사소설 유존견지 고 영여미료

吾今示汝一偈호리라
오금시여일게

不見一法存無見이여 大似浮雲遮日面이오
불견일법존무견 대사부운차일면

不知一法守空知여 還如太虛에 生閃電이로다
부지일법수공지 환여태허 생섬전

此之知見이 瞥然興하면
차지지견 별연흥

錯認이라 何曾解方便이리요
착인 하증해방편

조사가 말씀하셨다.

"그 스님의 말씀에는 아직도 보는 것과 아는 것이 남아 있으므로 너로 하여금 깨닫지 못하게 한 것이다. 내가 이제 너에게 한 게송을 보이리라."

한 법도 보지 않고 없다는 생각을 두는가
크게 뜬구름이 해를 가리는 것과 같구나.
한 법도 알지 못해서 공한 지(知)를 지킴이여
도리어 허공에 번개가 번쩍 일어남과 같도다.
이런 지견이 잠시라도 일어나면 잘못 안 것이니
어찌 방편인 줄 알리요.

六祖壇經 • 193

汝當一念自知非하면 自己靈光이 常顯現하리라
여당일념자지비 자기영광 상현현

常이 聞偈已하고 心意豁然하야 乃述偈曰
상 문게이 심의활연 내술게왈

無端起知見하야 著相求菩提하나니
무단기지견 착상구보리

情存一念悟하면 寧越昔時迷리오
정존일념오 영월석시미

自性覺源體가 隨照枉遷流하나니
자성각원체 수조왕천류

不入祖師室이면 茫然趣兩頭로다
불입조사실 망연취양두

  네가 마땅히 한 생각에 그릇된 줄만 알면
    자기의 신령스런 광명이 항상 드러나리라.

지상이 게송을 듣고 마음이 활짝 열려 게송을 지어 올렸다.

  무단히 지견을 일으켜서
  상에 빠져 보리를 구하나니
  마음에 한 생각 깨달음을 두면
  어찌 옛날의 미혹함을 넘으리요.
  자성의 각원체(覺源體)가 비침을 따라
  잘못 흐르니 조사의 방에 들지 못하면
  막연하게 두 가지만 키우리라.

智常이 一日에 問師曰佛說三乘法하고 又言最上乘하시니 弟子未解로소니 願爲敎授하소서 師가 曰汝觀自本心하고 莫著外法相하라 法無四乘이언마는 人心이 自有等差니 見聞轉誦은 是小乘이오 悟法解義는 是中乘이오 依法修行은 是大乘이오 萬法盡通하며 萬法俱備호대 一切不染하고 離諸法

지상이 어느 날 조사에게 여쭙기를

"부처님이 삼승법을 설하시고 또 최상승을 말씀하시니 제자가 알지 못하겠습니다. 원컨대 가르쳐 주십시오."

조사가 말씀하셨다.

"너는 자기의 본심만 보고 밖의 법상에 집착하지 말아라. 법에는 네 가지 승이 없는데 사람들의 마음에 차별이 있어서 듣고 외우기만 하는 것은 소승이고 법을 깨달아 뜻을 알면 중승이며 법을 의지하여 수행하면 대승이고 만법을 다 통하며 만법을 다 갖추되 일체에 물들지 않고 모든 법상을 여의어서 하나도 얻은 것이

相하야 一無所得이, 名最上乘이니라
상   일무소득   명최상승

乘是行義라 不在口爭이니 汝須自修하고 莫問吾
승시행의   부재구쟁   여수자수   막문오

也하라 一切時中에 自性自如니라
야   일체시중   자성자여

常이 禮謝執侍하야 終師之世하니라
상   예사집시   종사지세

一僧志道는 廣州南海人也라 請益曰學人이 自出
일승지도   광주남해인야   청익왈학인   자출

家로 覽涅槃經이 十載有餘로대 未明大意로소니
가   남열반경   십재유여   미명대의

없는 것을 최상승이라 이름하느니라.

　승이라는 것은 곧 행한다는 뜻이며 입으로 다투는데 있지 않으니 네가 스스로 닦고 나에게 묻지 말아라.

　언제 어느 때나 자성은 스스로 여여 하니라."

　지상이 예배드리고 조사가 세상을 떠나실 때까지 항상 모셨다.

　지도라는 스님은 광주의 남해 사람이다.

　법문을 청하며 말씀드리길

　"제가 출가해서 열반경을 두루 본 지가 10년이 넘었는데 대의를 밝히지 못했사오니 원컨대 화상께서 가르

願和尙은 垂誨하소서 師가 曰汝何處에 未明고 曰諸
行이 無常이라 是生滅法이니 生滅이 滅已하면 寂滅이
爲樂이라하시니 於此에 疑惑하노이다
師가 曰汝作麽生疑오 曰一切衆生이 皆有二身하니
謂色身法身也라 色身은 無常하야 有生有滅이어니와
法身은 有常하야 無知無覺이어늘 經에 云生滅이 滅

침을 주옵소서."

조사가

"네가 어느 곳을 밝히지 못했는고?"하시자

"모든 현상이 무상하여 나고 죽는 법이니 나고 죽음이 없어지면 적멸이 낙이 된다.」하는 것에 의심이 있습니다."하므로

"네가 어떻게 의심하는가."하시니 말하기를

"일체 중생이 모두 두 가지 몸이 있으니 이른바 색신(육신)과 법신 입니다. 색신은 무상하여 생이 있고 멸이 있지마는 법신은 항상하여 앎도 없고 깨달음도 없는데 경(열반경)에 이르기를「나고 죽음이 멸하여

已하면 寂滅이 爲樂者는 不審케라 何身이 寂滅이며
何身이 受樂이니잇고 若色身者인댄 色身이 滅時에 四
大分散하야 全然是苦니 苦不可言樂이오
若法身인댄 寂滅하야 卽同草木瓦石이어니 誰當受
樂이리잇고 又法性은 是生滅之體요 五蘊은 是生滅
之用이니 一體五用이 生滅이 是常이라

마치면 적멸이 낙이 된다.」

하는 것을 알지 못하겠습니다.

어떤 몸이 적멸이며, 어떤 몸이 낙을 받는다는 말씀입니까? 만일 육신이라면 육신이 없어질 때에 사대가 흩어져서 아주 괴로울 뿐인데 괴로움을 낙이라고 말하지는 못할 것입니다.

만일 법신이라면 적멸하여 곧 초목이나 흙이나 돌과 같은 것인데 누가 마땅히 낙을 받습니까?

또 법의 성품은 나고 죽는 것의 체(體)이고 오온은 생멸의 용(用)이니 한 체에 다섯 작용(色·受·想·行·識)으로 나고 죽는 것은 떳떳한(常)것으로서 나는

生則從體起用하고 滅則攝用歸體하나니 若聽更生인댄 即有情之類가 不斷不滅이오
若不聽更生인댄 則永歸寂滅하야 同於無情之物이니
如是即一切諸法이 被涅槃之所禁伏하야 尙不得生이어니 何樂之有리잇고
師가 曰汝是釋子어늘 何習外道의 斷常의 邪見하야

것은 본체에서 일으킨 작용이고 죽는 것은 작용을 거두어서 본체로 돌아가는 것입니다.

만일 다시 난다고 하면 곧 유정의 종류(중생살이)에서 끊어지지 않고 없어지지 않는 것입니다.

만약 다시 나지 않는다고 하면 영원히 적멸한 곳으로 돌아가서 무정의 물질과 같을 텐데 이와 같다면 모든 법이 열반에 묶이어 오히려 나지도 못할 것이니 무슨 낙이 있겠습니까?"

조사가 말씀하셨다.

"네가 부처님의 제자인데 어찌 외도의 단(斷), 상(常)의 삿된 소견을 익혀 최상승법을 의논하려 하느냐

而議最上乘法_고 據汝所說_{컨댄} 卽色身外_에 別有
이 의 최 상 승 법   거 여 소 설   즉 색 신 외   별 유

法身_{이며} 離生滅_코 求於寂滅_{이로다}
법 신   이 생 멸   구 어 적 멸

又推涅槃常樂_{하야} 言有身受用_{이라하니} 斯乃執恡
우 추 열 반 상 락   언 유 신 수 용   사 내 집 린

生死_{하야} 耽著世樂_{이로다}
생 사   탐 착 세 락

汝今當知_{하라} 佛_이 爲一切迷人_이 認五蘊和合_{하야}
여 금 당 지   불   위 일 체 미 인   인 오 온 화 합

爲自體相_{하고} 分別一切法_{하야} 爲外塵相_{하야} 好生
위 자 체 상   분 별 일 체 법   위 외 진 상   호 생

네가 말한 대로한다면

곧 육신 외에 별도로 법신이 있으며 생멸을 떠나서 적멸을 구하는 것이다.

또 열반의 항상 즐거움도 몸이 있어야 즐길 수 있다고 생각하는 모양인데

이는 생사를 집착하고 아껴서 세간의 즐거움에 빠져드는 것이다.

너는 이제 마땅히 알아라.

부처님께서는 일체의 미혹한 사람들이 오온이 화합된 것을 자기의 근본 모습으로 삼고 일체법을 분별하여 바깥 모습으로 삼아서 나는 것을 좋아하고 죽는 것

惡死하야 念念遷流하야 不知夢幻虛假하고 枉受輪
오사   념념천류   부지몽환허가   왕수윤
廻하야 以常樂涅槃으로 翻爲苦相하야 終日馳求할새
회   이상락열반   번위고상   종일치구
佛이 愍此故로 乃示涅槃眞樂은 刹那에도 無有生
불   민차고   내시열반진락   찰나   무유생
相하며 刹那에도 無有滅相하야 更無生滅可滅이 是
상   찰나   무유멸상   갱무생멸가멸   시
卽寂滅現前이니 當現前時하야 亦無現前之量일새
즉적멸현전   당현전시   역무현전지량
乃謂常樂이라하시니 此樂은 無有受者하며 亦無不受
내위상락   차락   무유수자   역무불수

  을 싫어하며 생각 생각에 바뀌며 흘러가서 꿈이고 허깨비이며 거짓인줄 모르고 잘못 윤회를 받아서 항상 즐거운 열반을 도리어 괴로운 것으로 잘못 알고 종일토록 찾아 헤매므로 부처님이 이를 불쌍히 여기시고 열반의 참다운 즐거움은 찰나에도 나는 상이 없으며 찰나에도 없어지는 상이 없어서 다시 생과 멸을 멸할 것도 없는 것으로 즉 적멸이 앞에 드러나는 것임을 보이신 것이니라.

  앞에 드러났을 때에 앞에 드러났다는 생각도 없어야 상락(常樂) 이라 하느니라.

  이 낙은 받는 자도 없고 또한 받지 않는 자도 없는

者어니 豈有一體五用之名이며 何況更言涅槃이 禁
伏諸法하야 令永不生가 斯乃謗佛毁法이로다
聽吾偈하라 曰

　　　無上大涅槃이여　　　圓明常寂照어늘
　　　凡愚는 謂之死하고　　外道는 執爲斷하며
　　　諸求二乘人은　　　　目以爲無作하나니

것이니 어찌 하나의 체에 다섯 가지 용이라는 이름이 있겠으며 어찌 하물며 다시 열반이 모든 법을 묶어서 영원히 나지 못하게 한다고 말하겠느냐. 이런 말은 부처님을 비방하고 법을 헐뜯는 것이로다."

　나의 게송을 들어보아라.

　　　위가 없는 대 열반이여
　　　뚜렷이 밝아 항상 고요히 비치거늘
　　　어리석은 범부는 죽는다 말하고
　　　외도는 집착하여 단멸(斷滅)을 삼으며
　　　이승(二乘)을 구하는 모든 사람은
　　　하는 것 없음을 내세우네

盡屬情所計라
진 속 정 소 계

六十二見本이로다
육 십 이 견 본

妄立虛假名이어니
망 립 허 가 명

何爲眞實義리오
하 위 진 실 의

惟有過量人은
유 유 과 량 인

通達無取捨하야
통 달 무 취 사

以知五蘊法과
이 지 오 온 법

及以蘊中我와
급 이 온 중 아

外現衆色象과
외 현 중 색 상

一一音聲相이
일 일 음 성 상

平等如夢幻하야
평 등 여 몽 환

不起凡聖見하고
불 기 범 성 견

모두 다 생각으로 헤아리는 것

육십이견의 근본이로다.

망령되이 세운 헛된 이름이리니

어찌 진실한 뜻이 되리요.

오직 헤아림을 초월한 사람이라야

취하거나 버릴 것이

없음을 통달하여서

오온법과 오온 가운데의 나와

밖으로 나타나는 온갖 색상과

낱낱 음성의 상이

평등하여 꿈이고 환상인 줄 알아서

범부다 성인이다는 소견이 나지 않고

不作涅槃解_{하야}
부 작 열 반 해

常應諸根用_{호대}
상 응 제 근 용

分別一切法_{호대}
분 별 일 체 법

劫火燒海底_{하고}
겁 화 소 해 저

眞常寂滅樂_은
진 상 적 멸 락

吾今强言說_{하야}
오 금 강 언 설

二邊三際斷_{하야}
이 변 삼 제 단

而不起用想_{하며}
이 불 기 용 상

不起分別想_{하나니}
불 기 분 별 상

風鼓山相擊_{이라도}
풍 고 산 상 격

涅槃相_이 如是_{하니라}
열 반 상 여 시

令汝捨邪見_{하노니}
령 여 사 사 견

열반의 알음알이도 짓지 않으며

이변(二邊)과 삼제(三際)가 끊어져서

항상 모든 근기를 맞추어 쓰지만

쓴다는 생각을 일으키지 아니하며

일체 법을 분별하지만

분별한다는 생각을 일으키지 아니하니

겁화(劫火)가 일어나 바다 밑을 태우고

바람이 불어와서 산이 서로 부딪칠지라도

참되고 항상 적멸의 즐거움이라.

열반의 모습 이와 같으니라.

내가 이제 굳이 말한 것을

너로 하여금 사견을 버리게 함이니

汝勿隨言解하면　　許汝知少分호리라
여물수언해　　　　허여지소분

志道가 聞偈大悟하야 踊躍하고 作禮而退하니라
지도　문게대오　　용약　　작례이퇴

行思禪師의 姓은 劉氏니 吉州安城人也라
행사선사　성　류씨　길주안성인야

聞曹溪法席이 盛化하고 徑來參禮하야 遂問曰當何
문조계법석　성화　　경래참례　　수문왈당하

所務로사 卽不落階級니잇고
소무　　즉불락계급

師가 曰汝가 曾作甚麽來오 曰聖諦도 亦不爲호이다
사　왈여　증작심마래　왈성체　역불위

　네가 말을 따라 알음알이를 내지 않으면
　네가 조금 알았다고 허락하리라.

　지도가 게송을 듣고 크게 깨달아서 뛸 듯이 기뻐하며 절을 하고 물러갔다.

　행사선사의 성은 유씨이고 길주 안성 사람이다.

　조계의 법석이 성황을 이룬다는 말을 듣고 바로 와서 예를 드리고 물었다.

　"마땅히 어떻게 힘써야 계급에 떨어지지 않습니까?"
　조사가 말씀하시길
　"네가 일찍이 무엇을 어떻게 해 왔느냐?" 하시니
　"성인의 진리도 또한 하지 않았습니다." 하므로

師가 曰落何階級고 曰聖諦도 尙不爲어니 何階級
사   왈락하계급   왈성체   상불위   하계급
之有리잇고 師가 深器之하사 令思로 首衆하시니라
지유   사   심기지   영사   수중
一日에 師가 謂曰汝當分化一方하야 無令斷絶하라
일왈   사   위왈여당분화일방   무령단절
思旣得法에 遂回吉州靑原山하야 弘法紹化하니라
사기득법   수회길주청원산   홍법소화
懷讓禪師는 金州杜氏의 子也라 初謁嵩山安國
회양선사   금주두씨   자야   초알숭산안국
師에 安이 發之曹溪參扣어늘 讓이 至禮拜한대
사   안   발지조계참구   양   지례배

"어떠한 계급에 떨어졌느냐?"하시니

"성인의 진리도 오히려 하지 않았는데 무슨 계급이 있겠습니까?"하므로 조사가 깊이 법기로 여기시고 행사를 대중의 우두머리로 삼으셨다. 어느 날 조사가 말씀하시기를 "너는 마땅히 한 지방을 맡아 교화하여 법이 끊어지지 않도록 하여라."하셨다.

행사가 이미 법을 얻었으므로 길주의 청원산으로 돌아가 법을 크게 펴고 교화하였다.

회양선사는 금주 두씨의 아들이다. 처음에 숭산의 안국사를 뵈었는데 안국사가 조계에 가서 뵈옵고 물어보라 하므로 찾아와서 예배하였다.

師가 曰甚處來오 曰嵩山이니이다 師가 曰什麽物이
사 왈심처래   왈숭산   사 왈십마물
恁麽來오 曰說似一物이라도 即不中이니이다
임마래   왈설사일물   즉부중
師가 曰還可修證否아 曰修證은 即不無어니와 汚
사 왈환가수증부   왈수증   즉불무   오
染은 即不得이니이다 師가 曰只此不汚染이 諸佛之
염   즉부득   사 왈지차불오염   제불지
所護念이라 汝既如是하니 吾亦如是하니라
소호념   여기여시   오역여시
西天般若多羅가 讖하사대 汝足下에 出一馬駒하야
서천반야다라   참하사대 여족하   출일마구

조사가 말씀하셨다.

"어느 곳에서 왔는고?"

"숭산에서 왔습니다."

"무슨 물건이 이렇게 왔는고?"

"한 물건이라고 말하여도 맞지 않습니다."(8년뒤 대답)

"도리어 가히 닦아서 증득할 수 있는 것이냐?"

"닦아 증득함은 없지 않으나 물들어 더럽혀 지지는 않습니다."

"다만 때묻지도 물들지도 않는 이 것을 모든 부처님이 호념하시는 바인데 네가 이미 이와 같고 나도 또한 이와 같으니라. 서천의 반야다라가 예언하시기를 너의

踏殺天下人이라하시니 應在汝心하고 不須速說이어다
답살천하인   응재여심   불수속설

讓이 豁然契會하야 遂執侍左右를 一十五載에 日
양   활연계회   수집시좌우   일십오재   일

臻玄奧러니 後往南嶽하야 大闡禪宗하니라
진현오   후왕남악   대천선종

永嘉玄覺禪師는 溫州戴氏子이다
영가현각선사   온주대씨자

少習經論하야 精天台止觀法門이라가 因看維摩經
소습경론   정천태지관법문   인간유마경

하야 發明心地러니 偶師弟子玄策이 相訪하야 與其
      발명심지   우사제자현책   상방   여기

발 아래에 망아지가 한 마리 나와서 천하의 사람을 밟아 죽이리라 하셨으니 마땅히 네 마음에만 두고 모름지기 속히 설하지 말지어다."

회양이 활연히 깨닫는 바가 있어서 좌우에서 모시기를 15년이나 하였으며,

날로 더욱 깊고 오묘한 경지에 들어갔으며 뒤에 남악으로 가서 선종을 크게 드날렸다.

영가 현각선사는 온주대씨의 자손이다.

젊어서부터 경과 논을 익혀 천태의 지관 법문에 정통하였는데 유마경을 보다가 마음자리를 밝히게 되었다. 우연히 조사의 제자인 현책이 찾아와서 그와 더불

劇談에 出言이 暗合諸祖어늘 策이 云仁者의 得法
극담   출언   암합제조   책   운인자   득법
師가 誰오 曰我聽方等經論은 各有師承이오 後於
사   수   왈아청방등경론   각유사승   후어
維摩經에 悟佛心宗이나 未有證明者로라
유마경   오불심종   미유증명자
策이 云威音王已前엔 即得이어니와 威音王已後에
책   운위음왕이전   즉득   위음왕이후
無師自悟는 盡是天然外道니라 云호대 願仁者는 爲
무사자오   진시천연외도   운   원인자   위
我證據하라 策이 云我言은 輕이라
아증거   책   운아언   경

어 법에 대하여 깊은 얘기를 나누었는데 하는 말이 은근히 조사들의 뜻에 맞으므로 현책이

"인자에게 법을 주신 스승은 누구십니까?" 하니

현각이 말하길

"내가 방등경론을 들을 적엔 스승의 가르침을 받았는데 뒤에 유마경에서 불심종(佛心宗)을 깨닫고는 아직 증명해 주실 분이 없습니다." 하였다.

현책이 "위음왕불 이전에는 그럴 수 있었지만 위음왕불 이후에는 스승 없이 스스로 깨닫는다는 것은 천연외도라 하였습니다." 하니 현각이

"그렇다면 나를 위하여 증거 하여 주십시오" 하므로

曹溪에 有六祖大師하시니 四方이 雲集하야 幷是受
조계   유육조대사   사방   운집   병시수
法者니 若去인댄 則與偕行호리라 覺이 遂同策來參
법자   약거   즉여해행   각   수동책내참
하야 繞師三匝하고 振錫而立한대
     요사삼잡   진석이립
師가 曰夫沙門者는 具三千威儀아 八萬細行이어늘
사   왈부사문자   구삼천위의   팔만세행
大德은 自何方而來완대 生大我慢고 覺이 曰生死
대덕   자하방이래   생대아만   각   왈생사
事大하고 無常이 迅速이니이다
사대   무상   신속

현책이 말하기를

"나의 말은 가볍습니다. 조계에 육조대사가 계시는데 사방에서 모여들어 법을 받고 있으니 만일 가시겠다면 함께 가겠습니다."하였다.

현각이 드디어 현책과 같이 와서 찾아 뵈었는데 조사의 주위를 세 번 돌고는 지팡이를 짚고 서 있으므로 조사가 "무릇 사문은 3천의 위의와 8만의 세행을 갖추어야 하는데 대덕은 어느 곳에서 왔기에 큰 아만을 부리는가?"하시니

현각이 말하길

"생사의 일이 크고 무상이 신속하나이다."하므로

師가 曰何不體取無生하며 了無速乎아 曰體卽無
生이오 了本無速이니이다 師가 曰如是如是하다
玄覺이 方具威儀하야 禮拜하고 須臾에 告辭한대 師가
曰返太速乎인저 曰本自非動이어니 豈有速耶리잇고
師가 曰誰知非動고 曰仁者가 自生分別이니이다
師가 曰汝甚得無生之意로다

"어찌 나는 것이 없음을 체달하지 못하며 빠르지 않음을 깨닫지 못하느냐." 하시자

"체달함에는 곧 생겨남이 없고 요달함에는 본래 빠름이 없습니다." 하기에 조사가 "옳다. 옳다." 하시니

현각이 바야흐로 위의를 갖추어 예배하고 곧 하직인사를 드렸다. 조사가 "도리어 너무 빠르지 않느냐?" 하시니 "본래 스스로 움직이는 것도 아닌데 어찌 빠름이 있겠습니까." 하였다.

조사께서 "누가 움직이지 않음을 아는가?" 하시니
"스승께서 스스로 분별을 내십니다." 하였다.

조사께서 "네가 완전히 무생의 뜻을 얻었도다." 하시니

曰無生이 豈有意耶이닛가
왈무생   기유의야

師가 曰無意면 誰當分別고 曰分別은 亦非意니이다
사   왈무의   수당분별   왈분별   역비의

師가 曰善哉라 少留一宿하라하시니 時에 謂一宿覺이라하다
사   왈선재 소류일숙   시   위일숙각

後에 著證道歌와 盛行于世하니라
후   저증도가   성행우세

禪者智隍은 初參五祖하고 自謂已得正受라하야
선자지황   초참오조   자위이득정수

菴居長坐를 積二十年이러니 師의 弟子玄策이 遊
암거장좌   적이십년   사   제자현책   유

"무생이 어찌 뜻이 있겠습니까." 하므로

"뜻이 없으면 누가 마땅히 분별하겠느냐?" 하시니

"분별도 또한 뜻이 아닙니다." 하였다.

조사가 이르시기를

"장하도다 하룻밤이라도 쉬어 가도록 하라."

하셨다.

그때의 일로 그를 일숙각(깨닫고 하룻밤 잠)이라 하였는데 뒤에 증도가를 지으니 세간에 성행하였다. 선자 지황은 처음 오조를 참례하고 스스로 이르기를 이미 삼매를 얻었다 하며 암자에서 20년 동안이나 장좌불와를 하고 있었는데 조사의 제자인 현책이 사방을

方_{이라가} 至河朔_{하야} 聞隍之名_{하고} 造菴問云_{호대} 汝
在此_{하야} 作什麽_오 隍_이 云入定_{이로라}
策_이 云汝云入定_은 爲有心入耶_아 無心入耶_아 若
無心入者_{인댄} 一切無情草木瓦石_이 應合得定_{이오}
若有心入者_{인댄} 一切有情含識之流 亦應得定_{이로다}
隍_이 曰我正入定時_에 不見有有無之心_{이로라}

다니다가 하삭(땅이름)에 이르러서 지황의 이름을 듣고 암자로 찾아가

"그대는 여기에서 무엇을 하십니까?" 하니

황이 말하길 "정에 듭니다." 하므로

"그대가 정에 든다 하니 마음이 있어 듭니까? 마음이 없어 듭니까? 만일 마음이 없이 든다 하면 일체 무정인 초목과 돌과 기왓장도 마땅히 정을 얻을 것이오,

만일 마음이 있어 든다 하면 알음알이가 있는 온갖 중생들도 마땅히 정을 얻을 것이 아닙니까?" 하니

"내가 바르게 정에 들 때에는 〈있다〉, 〈없다〉 하는 마음이 있음을 보지 못합니다." 하므로

策이 云不見有有無之心인댄 卽是常定이어니 何有
 책 운불견유유무지심   즉시상정   하유
出入이리오 若有出入인댄 卽非大定이로다
출입   약유출입   즉비대정
隍이 無對라가 良久 問曰師嗣誰耶아 策이 云我
 황 무대   양구 문왈사사수야   책 운아
師는 曹溪六祖시니라
사   조계육조
隍이 云六祖는 以何爲禪定고 策이 云我師所說은
 황 운육조   이하위선정   책 운아사소설
妙湛圓寂에 體用이 如如하야 五陰本空하고 六塵이
묘담원적   체용   여여   오음본공   육진

"있다와 없다는 마음이 있음을 보지 못한다면 이것이 곧 항상 정인데 어찌 들어가고 나오는 것이 있습니까? 만일 들어가고 나오는 것이 있다면 큰 정이 아닙니다."하자,

　　황이 대답을 못하고 한참 있다가

　　"스님은 누구의 법을 이었습니까?"라고 물었다.

　　"나의 스승은 조계의 육조대사입니다."

　　"육조는 무엇으로 선정을 삼으십니까?"

　　"우리 스승의 설법은 묘하고 맑고 둥글고 고요하여 그 체와 용이 여여(如如)합니다.

　　오음(오온)이 본래 공하고 육진이 있는 것이 아니

非有ᆞ라 不出不入ᆞ하고 不定不亂ᆞ하야 禪性ᆞ이 無住ᆞ라
비유   불출불입   부정불란   선성   무주

離住禪寂ᆞ하며 禪性ᆞ이 無生ᆞ이라 離生禪想ᆞ하야 心如
이주선적   선성   무생   이생선상   심여

虛空ᆞ호대 亦無虛空之量ᆞ이니라
허공   역무허공지량

隍ᆞ이 聞是說ᆞ하고 徑來謁師ᆞ한대 師ᆞ가 問云仁者何來
황   문시설   경래알사   사   문운인자하래

ᆞ오 隍ᆞ이 具述前緣ᆞ한대 師ᆞ가 云誠如所言ᆞ이니 汝但心
    황   구술전연   사   운성여소언   여단심

如虛空ᆞ호대 不著空見ᆞ하면 應用無碍ᆞ하야 動靜無
여허공   불착공견   응용무애   동정무

라, 나아가는 것도 아니고 들어오는 것도 아니며 정(定)도 아니고 어지러운 것도 아닙니다. 참선의 성질은 머무름이 없는지라 고요한데 머무름을 떠났고 선의 성질은 생겨나는 것이 없는지라 선이라는 관념을 내는 것을 떠났습니다. 마음이 허공과 같지만 허공과 같다는 헤아림도 없습니다." 황이 이 말을 듣고

바로 와서 조사를 찾아뵈니 조사가 물으셨다.

"인자는 어찌 왔는가?" 황이 지난 번의 인연을 다 말씀드리니 조사가 말씀하셨다.

"진실로 말한 바와 같다. 그대는 다만 마음을 허공과 같이 하되 비었다는 소견에 집착하지 아니하면 응

心하며 凡聖情忘하야 能所俱泯하며 性相如如하야 無
심하며 범성정망하야 능소구민하며 성상여여하야 무

不定時也라
불정시야

隍이 於是에 大悟하야 二十年所得心이 都無影響
황 어시 대오하야 이십년소득심이 도무영향

이러니 其夜에 河北士庶가 聞空中에 有聲云隍禪
  야 기야 하북사서 문공중 유성운황선

師가 今日에 得道라하더라
사 금일 득도

隍이 後에 禮辭하고 復歸河北하야 開化四衆하니라
황 후 예사 복귀하북하야 개화사중

용하여 걸림이 없으며, 움직임과 고요함에 마음이 없으며, 범부니 성인이니 하는 생각이 없어져 능(주관)과 소(객관)가 다 없어지며, 성품과 형상이 여여하여 정(定)이 아닌 때가 없으리라."

황이 이에 크게 깨달아서 20년에 얻은 바 마음이 도무지 그림자 조차도 없었다.

그날 밤 하북 땅의 선비와 백성들이 공중에서 나는 소리를 들으니

"황 선사가 오늘에야 도를 얻었다."하였다.

지황이 뒤에 예배하고 하직하여 다시 하북으로 돌아가 사부대중을 교화하였다.

一僧이 問師云호대 黃梅意志를 甚麼人이 得이니잇고
師가 云會佛法人이 得이니라 僧이 云和尙은 還得否
이까 師가 云我不會佛法이로라
師가 一日에 欲濯所授之衣하사대 而無美泉하야 因
至寺後五里許하야 見山林이 鬱茂하며 瑞氣가 盤旋
하고 師가 振錫卓地하신대 泉이 應手而出하야 積以

한 스님이 조사에게

"황매(5조)의 참 뜻을 어떤 사람이 얻었습니까?"
라고 여쭈니

조사가

"불법을 아는 사람이 얻었느니라." 하시자

그 스님이 "화상께서는 얻었습니까?" 하기에

"나는 불법을 알지 못하노라." 하셨다.

조사께서 하루는 전해 받으신 법의를 세탁하려 하셨는데 좋은 샘이 없어서 절 뒤로 5리쯤을 가시니 울창한 숲 속에 상서로운 기운이 서려 있음을 보시고 주장자를 떨쳐 땅에 세우시니

爲池어늘 乃跪膝하고 浣衣石上이러시니 忽有一僧이
위 지   내 궤 슬   완 의 석 상   홀 유 일 승
來하야 禮拜云方辯은 是西蜀人이라
내   예 배 운 방 변   시 서 촉 인
昨於南天竺國에 見達磨大師러니 囑方辯하야 速往
작 어 남 천 축 국   견 달 마 대 사   촉 방 변   속 왕
唐土호대 吾傳大迦葉의 正法眼藏과 及僧伽梨하야
당 토   오 전 대 가 섭   정 법 안 장   급 승 가 리
見傳六代하니 於韶州曹溪에 汝去瞻禮하라하실새
견 전 육 대   어 소 주 조 계   여 거 첨 례
方辯遠來로소니 願見我師의 傳來衣鉢하노이다
방 변 원 래   원 견 아 사   전 래 의 발

샘이 손을 따라 솟구쳐 올라 와 못이 되므로 무릎을 꿇고 돌 위에서 옷을 빨고 있었는데 홀연히 한 스님이 앞에 와서 예배하며 말하기를

"저는 방변이라 하는 서촉 사람입니다.

어제 남 천축국에서 달마대사를 뵈었더니, 저에게 당부하시기를

「속히 당나라로 가거라. 내가 전한 대가섭의 정법안장과 승가리가 여섯 대를 전하여 소주의 조계에 있으니 네가 가서 참배하라.」하시기에 제가 멀리서 찾아 왔사오니 원하옵건대 전해져 내려오는 의발을 보여 주십시오."하므로

師乃出示하시고 次問上人은 攻何事業고 方辯이 曰
善塑하노이다 師가 正色曰汝試塑看하라 方辯이 罔措
하야 數日에 塑就眞相하니 可高七寸이오 曲盡其妙라
師가 笑曰汝只解塑性이오 不解佛性이로다 師가 舒
手하야 摩方辯頂曰 永爲人天福田이어다
有僧이 擧臥輪禪師偈云호대 臥輪은 有伎倆하야 能

조사가 내어 보이신 다음에 물으셨다.

"그대는 무슨 일을 익혔는가?"

방변이 말하기를 "소상을 잘 합니다."하므로, 조사가 정색을 하여 "네가 나의 모습을 한번 만들어 보아라."하시니 방변이 망설이다가 수일만에 조사의 실제 모습을 만드니 높이가 7촌이고 아주 절묘하고 세밀하였다. 조사에게 바쳐 드리니 조사가 웃으시며

"네가 다만 흙을 빚는 도리만 알고 불성은 모르는구나."하시며 손을 펴서 방변의 이마를 어루만지며 말씀하셨다.

"영원히 인간과 천상의 복전이 되어라."

斷百思想이라 對境에 心不起니 菩提日日長이라하야늘
단백사상　　　대경　　심불기　　보리일일장
師가 聞之曰此偈는 未明心地니 若依而行之하면
사　문지왈차게　　미명심지　　약의이행지
是加繫縛이라하시고 因示一偈曰
시가계박　　　　　인시일게왈
　　惠能은 沒伎倆하야 不斷百思想이라
　　혜　능　몰기량　　　부단백사상
　　對境에 心數起어니 菩提作麽長이리오
　　대　경　심수기　　　보리작마장

　한 스님이 와륜 선사의 게송이라 하며 외우기를 「와륜은 기량이 있어서 능히 백가지 사상을 끊는지라.
　경계를 대하여도 마음이 일어나지 아니하니 보리가 나날이 자라난다.」하므로
　조사가 듣고 말씀하시기를 "이 게는 마음자리를 밝히지 못했으니 만일 이대로 행하면 곧 얽히기만 더 하리라."하시며 한 게송을 말씀하셨다.

　　혜능은 기량이 없어서 백가지 사상을 끊지 않았네
　　경계를 대하면 마음이 자주 일어나니
　　보리가 어찌 자라리요.

第八 頓漸品
제팔 돈점품

時에 祖師는 居曹溪寶林하시고 神秀大師는 在荊南玉泉寺하시니 于時에 兩宗이 盛化하야 人皆稱南能北秀라 故로 有南北二宗頓漸之分하야 而學者 莫知宗趣러니 師가 謂衆曰法本一宗이로대 人有南

제팔. 돈점품

　때에 조사는 조계 보림에 계시고 신수대사는 형남 옥천사에 계셨다.
　그때에 두 종이 모두다 성대히 교화하니 사람들이 모두 남능과 북수라고 말하였다.
　그리하여 남과 북의 두 종이
돈과 점으로 갈라졌는데
배우는 사람들은 근본취지를 몰랐으므로 조사가 대중에게 말씀하셨다.
　"법은 본래 한 종이건만 사람이 남북을 둔 것이다.

北이요 法卽一種이로대 見有遲疾이니 何名頓漸고 法
無頓漸이언마는 人有利鈍일새 故名頓漸이니라
然이나 秀之徒衆이 往往譏南宗祖師가 不識一
字어니 有何所長이리오한대 秀가 曰他得無師之智하야
深悟上乘하니 吾不如也요 且吾師五祖가 親傳衣
法하시니 豈徒然哉아 吾恨不能遠去親近하고 虛受

법은 곧 한가지인데 보는 것이 더디고 빠를 수 있다. 무엇을〈돈〉이라 하고 무엇을〈점〉이라 하는가 하면 법은 돈과 점이 없는데 사람에게는 영특함과 둔함이 있으므로〈돈〉이고〈점〉이라 한다."

그러나 신수의 대중들은 이따금 남종의 조사는 한 글자도 모르니 무엇이 그리 대단하겠느냐하며 비방하였는데 신수대사는 말하기를

"그분은 스승이 없는 지혜를 얻어서 상승의 법을 깊이 깨달았으니 나는 그 분만 못하다. 또 나의 스승인 오조께서 친히 가사와 법을 전하셨으니 어찌 공연한 일이겠느냐. 내가 멀리 가서 친근하지 못하고 헛되이

國恩하노니 汝等諸人은 無滯於此하고 可往曹溪하야 衆決이어다 一日命門人志誠曰汝聰明多智하니 可爲吾하야 到曹溪聽法이니 汝若聞法이어니 盡心記取하야 還爲吾說하라 志誠이 稟命하고 至曹溪하야 隨衆參請호대 不言來處러니 時에 祖師가 告衆曰今有盜法之人이 潛在

 나라의 은혜만 받고 있어 한스러우니 너희들은 이곳에만 머물러 있지 말고 조계에 가서 배우도록 하여라." 하며 어느날 문인인 지성에게 명하기를

 "너는 총명하고 지혜가 많으니 나를 위하여 조계에 가서 법을 듣고, 들은 법은 마음을 다하여 기억해 두었다가 돌아와서 나를 위해 설하여 달라." 하였다.

 지성이 명을 받고 조계에 이르러서 대중을 따라 참례하고 법문을 들었으나 온 곳을 말하지 않았는데 그 때 조사가 대중에게

 "지금 법을 도적질하는 사람이 이 모임에 숨어 있다." 하시므로 지성이 곧 나와서 예배하고 그간의 일을

此會로다 志誠이 卽出禮拜하고 具盡其事한대 師가
曰汝從玉泉來하니 應是細作이로다 對曰不是니이다
師가 曰何得不是오 對曰未說卽是어니와 說了不是
니이다 師가 曰汝師가 若爲示衆고 對曰常指誨大衆
하사대 住心觀靜하야 長坐不臥라하시더이다
師가 曰住心觀靜은 是病이라 非禪이오 長坐拘身이

다 말씀드리니. 조사가 말씀하셨다.

"네가 옥천에서 왔으니 필시 염탐꾼이겠구나."

"그렇지 않습니다." "어째서 그렇지 않은가?"

"말씀드리지 않았을 때는 그러합니다만 말씀드렸으니 그렇지 않습니다."

"너의 스승은 어떻게 대중을 가르치시는가?"

"항상 대중을 가르치시기를 「마음을 머물러 고요함을 살피어보고 장좌하여 눕지 말라.」 하셨습니다."

"마음을 머물러서 고요함을 관하는 것은 병이지 선이 아니며 마냥 앉아 있는 것은 몸을 구속하는 것이니 이치에 무슨 이익이 되겠느냐."

於理에 何益이리오 聽吾偈하라 曰

　　生來에 坐不臥하고　　死去에 臥不坐하니
　　一具臭骨頭가　　何爲立功課리오

志誠이 再拜曰 弟子가 在秀大師處하야 學道九年에 不得契悟러니 今聞和尙의 一說하고 便契本心이라 弟子가 生死事大하니 和尙은 大慈로 更爲敎示하소서

나의 게송을 들어보아라.

　　살아서는 앉아서 눕지 못하고
　　죽어서는 누워서 앉지 못하네
　　한 덩어리 냄새나는 뼈다귀가
　　어찌 공과를 세우리오.

지성이 다시 절하며 말하였다.

"제자가 신수대사의 처소에 있으면서 도를 배운지 9년이나 되었으나 깨닫지 못하였는데 지금 화상의 한 말씀을 듣고 문득 마음에 와 닿습니다. 제자에게 생사의 일이 크니 화상께서 대 자비로 다시 한번 가르쳐 주십시오"

師가 曰吾聞汝師가 敎示學人戒定慧法이라하니 未
審汝師의 說戒定慧行相이 如何오 與吾說看하라
誠이 曰秀大師가 說諸惡莫作이 名爲戒요 諸善奉
行이 名爲慧요 自淨其意가 名爲定이라하시니 彼說은
如此어니와 未審和尙은 以何法誨人이니잇고
師가 曰吾若言有法與人인댄 卽爲誑汝니 但且隨

"내가 들으니 너의 스승은 학인 들에게 계·정·혜의 법을 가르친다 하시던데 알지 못하겠으니 너의 스승이 계·정·혜를 어떻게 설하시는지 내게 말해 보아라."

"신수대사께서는

「모든 악을 짓지 않는 것을 계라 하고, 모든 선을 받들어 행하는 것을 혜라 하며, 스스로 그 뜻을 깨끗이 하는 것을 정이라 이름한다.」라고 설하시는데. 화상께서는 어떠한 법으로 사람을 가르치시는지 잘 모르겠습니다."

"내가 만일 사람에게 줄 법이 있다고 말한다면 곧 너를 속이는 것이 되느니라. 단지 경우를 따라 얽힘을

方解縛이 假名三昧라 如汝師所說戒定慧는 實不
可思議어니와 吾所見戒定慧는 又別이니라
志誠이 曰戒定慧는 只合一種이어니 如何更別이리잇고
師가 曰汝師戒定慧는 接大乘人이오 吾戒定慧는
接最上乘人이니 悟解가 不同일새 見有遲疾이니라
汝聽吾說하라 與彼同否아 吾所說法은 不離自性이니

풀어줄 뿐인데 이름을 빌려 말한다면 삼매라 하느니라. 너의 스승이 말씀하시는 계·정·혜는 생각으로는 헤아릴 수 없는 것이니 내가 보는 계·정·혜 와는 다르구나."

"계·정·혜는 다만 한가지인데 어찌 다를 수 있습니까?"

"너의 스승의 계·정·혜는 대승의 사람을 대하는 것이지만 나의 계·정·혜는 최상승의 사람을 대하는 것이다.

깨달아 앎이 같지 않으므로 지견이 더디고 빠름이 있느니라. 너는 내가 말하는 것이 그와 같은지 다른지 들

離體說法이 名爲相說이라 自性을 常迷니 須知一
이체설법   명위상설   자성 상미 수지일
切萬法이 皆從自性起用이 是眞戒定慧法이니라
체만법   개종자성기용   시진계정혜법
聽吾偈하라 曰
청오게   왈
　　心地無非가 自性戒요 心地無癡가 自性慧요
　　심지무비   자성계   심지무치   자성혜
　　心地無亂이 自性定이오 不增不減이 自金剛이오
　　심지무란   자성정   부증불감   자금강
　　身去身來이 本三昧니라
　　신거신래   본삼매

어보아라. 내가 말하는 법은 자성을 떠나지 않느니라. 체(體)를 여의고 법을 설하는 것을 상으로 설하는 것이라 하는데 자성을 항상 미혹하게 하느니라. 모름지기 알아라. 일체의 만법이 모두 다 자성으로부터 일어나느니라. 이것이 참된 계·정·혜의 법이니라." 나의 게송을 들어보아라.

　　마음자리에 잘못 없는 것이 자성의 계요,
　　마음자리에 어리석음 없는 것이 자성의 혜요,
　　마음자리에 어지러움 없는 것이 자성의 정이며
　　더하지도 않고 덜 하지도 않는 것이 자기의 금강
　　이요 몸이 가고 몸이 옴이 본래 삼매이니라.

誠이 聞偈悔謝하야 乃呈一偈호대 曰
성 문게회사   내정일게   왈

　　五蘊幻身이여　　　幻何究竟이리오
　　오온환신　　　　　환하구경

　　廻趣眞如하면　　　法還不淨이니이다
　　회취진여　　　　　법환부정

師가 然之하시고 復語誠曰汝師戒定慧는 勸小根智
사   연지   부어성왈여사계정혜   권소근지
人이오 吾戒定慧는 勸大根智人이니 若悟自性하면
인   오계정혜   권대근지인   약오자성
亦不立菩提涅槃이며 亦不立解脫知見이라
역불립보리열반   역불립해탈지견

　지성이 게송을 듣고 뉘우쳐 감사하며
한 게송을 바치었다.

　　오온의 허깨비 몸이여
　　허깨비가 어찌 구경이리요,
　　진여로 돌이켜 나아가면
　　법이 도리어 깨끗하지 못하리

　조사가 "그렇다."하시고 다시 지성에게 말씀하셨다.
"네 스승의 계·정·혜는 작은 근기의 지혜를 가진 사람에게 권하는 것이고 나의 계·정·혜는 큰 근기의 지혜를 가진 사람에게 권하는 것이다. 만일 자기의 성품을 깨닫고서 보리나 열반을 세우지 않고 또한 해탈

無一法可得하야사 方能建立萬法이니 若解此意하면
亦名佛身이며 亦名菩提涅槃이며 亦名解脫知見이라
見性之人은 立亦得不立亦得이니 去來自由하야 無
滯無礙하야 應用隨作과 應語隨答에 普見化身호대
不離自性하야 卽得自在神通과 遊戲三昧가 是名
見性이니라

지견도 세우지 않으면 한 법도 가히 얻을게 없어서 바야흐로 만 법을 세울 수 있느니라.

　만일 이 뜻을 알면
이것을 부처님의 몸이라 하며 보리와 열반이라 하며 해탈지견이라 하느니라.

　견성한 사람은 세워도 되고 세우지 않아도 되니 가고 옴이 자유로워 막힘이 없고 걸림이 없어서 경우에 따라 작용을 하고 물음에 따라 답하며 널리 화신을 나타내지만 자성을 여의지 않으므로 곧 자재한 신통과 유희하는 삼매를 얻는다.

　이것을 견성이라 이름하느니라."

志誠이 再啓師曰 如何是不立義니잇고 師가 曰自
지성   재계사왈 여하시불립의   사   왈자
性이 無非無癡無亂하야 念念般若觀照하야 常離法
성   무비무치무란   염념반야관조   상리법
相하야 自由自在하야 縱橫盡得이어니 有何可立이리오
상   자유자재   종횡진득   유하가립
自性自悟하야 頓悟頓修일새 亦無漸次니 所以로 不
자성자오   돈오돈수   역무점차   소이   불
立一切法이니라 諸法이 寂滅이어니 有何次第리오
립일체법   제법   적멸   유하차제
志誠이 禮拜하고 願爲執侍하야 朝夕不懈러라
지성   예배   원위집시   조석불해

지성이 다시 조사께 여쭈었다.

"어떤 것이 세우지 않는다는 뜻입니까?"

조사가 말씀하셨다.

"자성은 그릇됨도 없고 어리석음도 없고 어지러움도 없어서 순간 순간이 반야로 비추어 보아 항상 법이라는 생각을 여의고 자유 자재하며 가로 세로 모두 얻으니 무엇을 세우겠느냐. 자성을 스스로 깨달아서 몰록 깨닫고 몰록 닦으면(돈오 돈수) 늦고 더딤이 없으므로 일체 법을 세우지 않느니라. 모든 법이 적멸한데 무슨 순서가 있겠는가?"

지성이 예배드리고 모시기를 원하여 아침저녁으로

一僧志徹은 江西人이니 本姓은 張이오 名은 行昌이라
少에 任俠이러니 自南北分化로 二宗主는 雖亡彼
我나 而徒侶가 競起愛憎이라
時에 北宗門人이 自立秀師하야 爲第六祖호대 而忌
祖師傳衣가 爲天下所聞하야 乃囑行昌하야 來刺於
師할새 師가 心通으로 預知其事하시고 卽置金十兩於

게을리 하지 않았다.

지철스님은 강서 사람이다. 본성은 장씨이고 이름은 행창인데 젊어서는 불한당이었다.

남북이 나뉘어 교화하였지만 두 종주는 네 편, 내 편이 없었는데 그 문도 들은 서로 다투며 미워하였다.

그때에 북종의 문인들이 자기들 마음대로 신수대사를 육조로 삼았으며 조사에게 가사가 전해진 것이 천하에 알려 지는 것을 꺼려서 행창을 시켜 조사를 해치려 보냈는데 조사께서는 타심통으로 그 일을 미리 아시고 금 열 냥을 자리 사이에 준비하여 두고 계셨다.

밤이 깊어져 행창이 조사의 방에 들어와 해치려 하

座間座간이러시니 時夜暮시야모에 行昌행창이 入祖室입조실하야 將欲加害장욕가해
어늘 師사가 舒頸就之서경취지하신대 行昌행창이 揮刃者휘인자가 三삼이로대 悉실
無所損무소손이어늘 師사가 曰正劍왈정검은 不邪불사하고 邪劍사검은 不正부정
이니 只負汝金지부여금이오 不負汝命불부여명이로라
行昌행창이 驚仆경부라가 久而方蘇구이방소하야 求哀悔過구애회과하야 卽願즉원
出家출가한대 師遂與金言사수여금언하사대 汝且去여차거하라 恐徒衆공도중이 翻번

니 조사가 목을 쭉 내미시므로. 행창이 칼을 세 번이나 휘둘렀으나 조금도 다치지 않으셨는데 조사께서

"바른 칼은 삿되지 않고 삿된 칼은 바르지 못하니라. 너에게 전생에 돈은 빚졌지만 목숨은 빚지지 않았느니라."하시니

행창이 놀라 자빠졌다가 한참만에 깨어나 슬피 울며 잘못을 뉘우치며 출가를 원하였으나, 조사가 금을 주시며 말씀하시길

"너는 우선 가거라. 대중들이 도리어 너를 해칠까 걱정되니 네가 다른 날에 모습을 바꾸어 오면 내가 마땅히 받아 주겠노라."하셨다.

害於汝하노니 汝可他日에 易形而來하면 吾當攝受
해 어 여   여 가 타 일   역 형 이 래   오 당 섭 수
호리라 行昌이 稟旨宵遁하야 後에 投僧出家하야 具戒
       행 창   품 지 소 돈   후   투 승 출 가   구 계
精進이러니 一日에 憶師之言하야 遠來禮覲한대 師가
정 진   일 일   억 사 지 언   원 래 예 근   사
曰吾久念汝러니 汝來何晚고 曰昨蒙和尙의 捨罪
왈 오 구 념 여   여 래 하 만 왈 작 몽 화 상   사 죄
하야 今雖出家苦行이나 終難報德이니 其惟傳法度生
     금 수 출 가 고 행   종 난 보 덕   기 유 전 법 도 생
乎인저 弟子가 嘗覽涅槃經이나 未曉常無常義로소니
호   제 자   상 람 열 반 경   미 효 상 무 상 의

행창이 조사의 뜻을 받들어 달아났다가, 다른 스님을 의탁하여 출가한 뒤, 계를 갖추어 정진하다가 어느 날 조사의 말씀을 기억하고, 멀리서 찾아와 절하고 뵈었다. 조사께서

"내가 너를 오랫동안 생각하고있었는데 어찌 이리 늦었는가." 하시니

"예전에 화상께서 죄를 용서하여 주신 덕분에 지금은 비록 출가하여 고행을 하지만, 그 은덕을 갚기가 어렵습니다. 은덕에 보답하는 길은 오직 법을 전하고, 중생을 제도하는 것이리라 생각합니다. 제자가 일찍이 열반경을 보았으나 상(常)과 무상(無常)의 뜻을 깨닫

乞和尙은 慈悲로 略爲解說하소서 師가 曰無常者는
걸화상　 자비　 약위해설　　　 사　 왈무상자

卽佛性也요 有常者는 卽一切善惡諸法의 分別心
즉불성야　 유상자　 즉일체선악제법　 분별심

也니라 曰和尙所說이 大違經文이로소이다 師가 曰吾
야　　 왈화상소설　 대위경문　　　　 사　 왈오

傳佛心印이어니 安敢違於佛經이리오 曰經에 說佛
전불심인　　　 안감위어불경　　　　 일경　 설불

性이 是常이어늘 和尙은 却言無常하시며 善惡之法
성　 시상　　　 화상　 각언무상　　　　 선악지법

과 乃至菩提心이 皆是無常이어늘 和尙은 却言是
　 내지보리심　 개시무상　　　　 화상　 각언시

지 못하겠으니 비옵건대 화상께서 자비를 베풀어 간략히 가르쳐 주십시오."하였다.

이에 조사가

"무상이라는 것은 곧 불성이고, 유상이라는 것은 일체 선과 악의 모든 법을 분별하는 마음이다."하시니

"화상께서 말씀하시는 것은 경문에 크게 어긋납니다."하므로 조사가 말씀하셨다.

"내가 부처님의 심인을 전하는데 어찌 감히 불경을 어기겠느냐?" 그러자

"경에는 불성이 곧 상이라 하였는데 화상께서는 도리어 무상이라 말하시며 선악의 법과 보리심이 다 무

常하시니 此卽相違라 令學人으로 轉加疑惑이로소이다
師가 曰涅槃經을 吾昔에 聽尼無盡藏의 讀誦一遍하고 便爲講說호대 無一字一義도 不合經文이며 乃至爲汝에도 終無二說이니라
曰學人이 識量이 淺昧하니 願和尙은 委曲開示하소서
師가 曰汝知否아 佛性이 若常인댄 更說什麼善惡

상인데 화상께서는 도리어 상이라 말씀하십니다. 이것이 서로 틀리는 것이라 학인으로 하여금 점점 더 의심스럽게 합니다." 하므로 조사가 말씀하셨다.

"열반경은 내가 옛적에 무진장이라는 비구니가 독송하는 것을 한번 듣고 곧 그에게 설명해 주었는데 한 글자, 한 뜻도 경에 맞지 않는 것이 없었는데 너에게도 두 가지 말이 있을 수 없느니라."

"제가 아는 것이 얕고 어두우니 원컨대 화상께서 자세히 가르쳐 주십시오."

"네가 아느냐? 불성이 만일 상(常)이라면 다시 어떻게 선과 악의 모든 법을 설하겠느냐?

諸法이리오 乃至窮劫하야도 無有一人도 發菩提心
제법   내지궁겁   무유일인   발보리심
者라 故로 吾說無常이 正是佛說眞常之道也오
자   고   오설무상   정시불설진상지도야
又一切諸法이 若無常者인댄 卽物物이 皆有自
우일체제법   약무상자   즉물물   개유자
性하야 容受生死하야 而眞常性이 有不徧之處라
성   용수생사   이진상성   유불변지처
故로 吾說常者가 正是佛說眞無常義니라
고   오설상자   정시불설진무상의
佛이 比爲凡夫外道는 執於邪常하고 諸二乘人은
불   비위범부외도   집어사상   제이승인

 한량없는 세월을 다하더라도 보리심을 일으킬 사람이 한 사람도 없을 것이다.

 그러므로 내가 무상이라고 말하는 것이다. 이것이 바로 부처님이 설하신 참된 상(常)의 도리이니라.

 또 일체의 모든 법이 만일 무상(無常)이라면 곧 물건마다 모두 자기의 성품이 있어서 생과 사를 받아들이므로 참된 상의 성품이 두루 하지 못하는 곳이 있으리라.

 그러므로 내가 말하는 상이라는 것은 바로 부처님께서 말씀하신 참된 무상의 뜻이니라.

 부처님께서 평소에 범부와 외도들은 삿된 상(常)에

於常에 計無常하야 共成八倒일새 故로 於涅槃了義
어상 계무상 공성팔도 고 어열반료의
教中에 破彼偏見하사 而顯說眞常眞樂眞我眞淨
교중 파피편견 이현설진상진락진아진정
이어시늘 汝今依言背義하야 以斷滅無常과 及確定死
여금의언배의 이단멸무상 급확정사
常으로 而錯解佛之圓妙한 最後微言하니 縱覽千
상 이착해불지원묘 최후미언 종람천
偏인들 有何所益이리오
변 유하소익
行昌이 忽然大悟하야 乃說偈言호대
행창 홀연대오 내설게언

빠지고 이승의 사람들은 상을 무상으로 알아서 다 같이 여덟 가지 뒤집힌 생각을 하기 때문에 열반 요의교를 말씀하시는 가운데에 그런 편견을 없애고자 진상(眞常)과 진락(眞樂)과 진아(眞我)와 진정(眞淨)을 밝혀 말씀하셨는데 네가 그 말만 의지하여 뜻을 잘못 알고 아무것도 없는 무상(無常)과 고정된 상(常)으로 부처님의 불가사의한 최후의 미묘한 말씀을 잘못 이해하니 비록 천 번을 본들 무슨 이익이 있겠느냐?"

　행창이 그 순간 크게 깨달아서 게송으로 말씀드렸다.

因守無常心하야 佛說有常性이어시늘
인 수 무 상 심　　불 설 유 상 성

不知方便者는 猶春池拾礫이로다
부 지 방 편 자　　유 춘 지 습 력

我今不施功하고 佛性이 而現前하니
아 금 불 시 공　　불 성　이 현 전

非師相授與며 我亦無所得이로다
비 사 상 수 여　　아 역 무 소 득

師가 曰汝今徹也니 宜名志徹이니라
사　 왈 여 금 철 야　선 명 지 철

徹이 禮謝而退하다
철　 예 사 이 퇴

무상의 마음을 지킴으로 인하여
부처님이 유상의 성품을 설하셨는데
방편이라는 것을 알지 못하여
봄 못 속에 조약돌 주음과 같았다.
내가 이제 아무런 공을 들이지 않았는데
불성이 앞에 나타나니
스승이 주신 것도 아니고
나도 또한 얻은 바가 없도다.

　조사가 말씀하셨다. "네가 이제 똑똑히 알았으니 마땅히 이름을 지철이라 하여라."
　지철이 절하고 감사하며 물러갔다.

有一童子호대 名이 神會니 襄陽高氏의 子라
유일동자   명 신회 양양고씨 자

年이 十三에 自玉泉來하야 參禮한대 師가 曰知識아
연 십삼 자옥천래   참례   사 왈지식

遠來艱辛하니 還將得本來否아 若有本則合識主니
원래간신   환장득본래부   약유본즉합식주

試說看하라
시설간

會가 曰以無住로 爲本이니 見卽是主니이다 師가 曰
회 왈이무주 위본   견즉시주   사 왈

這沙彌가 爭合取次語오 會가 乃問曰和尙이 坐
저사미 쟁합취차어 회 내문왈화상 좌

동자가 한 사람 있었는데

이름이 신회이고 양양 고씨의 자손이었다.

나이 13세에 옥천사로부터 와서 참배하니 조사가

"선지식아. 멀리서 오느라 고생이 많았구나. 근본은 얻어 가지고 왔느냐? 만일 근본이 있다면 당연히 주인을 알 것이니 한번 말해 보아라."하시니

신회가 말하기를

"머무름이 없는 것으로 근본을 삼으니 보는 것이 곧 주인입니다."하므로 조사께서

"이 사미가 어찌 그리 경솔하게 말하는가."하셨는데

"화상께서는 좌선하실 때

禪하시니 還見가 不見이니이까 師가 以拄杖으로 打三下
선하시니 환견 불견 사 이주장 타삼하
하신대 云吾打汝하니 痛가 不痛가 對曰亦痛亦不痛
운오타여 통 불통 대왈역통역불통
이니이다 師가 曰吾亦見亦不見이로라
사 왈오역견역불견
神會가 問如何是亦見亦不見이니잇고 師言하사대 吾
신회 문여하시역견역불견 사언 오
之所見은 常見自心過愆하고 不見他人의 是非好
지소견 상견자심과건 불견타인 시비호
惡일새 是以로 亦見亦不見이어니와 汝言亦痛亦不
악 시이 역견역불견 여언역통역불

보십니까, 보시지 않으십니까?"
하므로 주장자로 세번이나 때리시며 말씀하셨다.

"내가 너를 때렸는데 아프냐? 아프지 않느냐?"

"아프기도 하고 아프지 않기도 합니다."

"나도 역시 보기도 하고 보지 않기도 하느니라."

신회가 묻기를 "어떤 것이 또한 보기도 하고 보지 않기도 하는 것입니까" 하니 조사가 말씀하셨다.

"내가 보는 것은 항상 자기마음의 허물만 보는 것이지 다른 사람의 옳고 그름과 좋고 나쁨을 보는 것이 아니니라. 그러므로 보기도 하고 보지 않기도 하는 것이니라. 네가 말한 아프기도 하고 아프지 않기도 하다 하

痛은 如何오 汝若不痛인댄 同其木石이오 若痛인댄
則同凡夫하야 卽起恚恨이니 汝向前에 見不見은 是
二邊이오
痛不痛은 是生滅이라 汝自性을 且不見하고 敢爾戲
論가 神會가 禮拜悔謝한대 師가 又曰汝若心迷不
見인댄 問善知識覓路요 汝若心悟인댄 卽自見性하야

는 것은 어떤 것이냐? 네가 만일 아프지 않다면 나무나 돌과 같고 만일 아프다면 곧 범부와 같아서 곧 성내고 원한을 일으킬 것이니 네가 아까 보거나 보지 않는다는 것은 곧 두 가지 극단이다. 아프거나 아프지 않다고 하는 것은 생, 멸 이니라. 네가 자성을 아직 보지 못하였으면서 감히 그렇게 희롱하듯이 말하느냐."

신회가 뉘우치며 절하고 사과하였다.

조사가 또 말씀하셨다.

"네가 만일 마음이 미혹하여 보지 못한다면 선지식에게 물어서 길을 찾아야 하고 네가 만일 마음을 깨달았다면 곧 스스로 성품을 보고 법대로 수행하여야 할

依法修行_{이어늘} 汝自迷_{하야} 不見自心_{하고} 却來問
의법수행   여자미   불견자심   각래문
吾_의 見與不見_가 吾見自知_{어니} 豈代汝迷_며 汝若
오   견여불견   오견자지   기대여미   여약
自見_{인댄} 亦不代吾迷_{어늘} 何不自知自見_{하고} 乃問
자견   역부대오미   하불자지자견   내문
吾_의 見與不見_고 神會_가 再禮百餘拜_{하야} 求謝過
오   견여불견   신회   재례백여배   구사과
愆_{하고} 服勤給侍_{하야} 不離左右_{러라}
건   복근급시   불리좌우
一日_에 師_가 告衆曰吾有一物_{호대} 無頭無尾_{하며} 無
일일   사   고중왈오유일물   무두무미   무

것인데 너는 스스로 미혹하여 자기의 마음을 보지 못하였으면서도 도리어 나에게 와서 나의 보고 보지 않음을 묻느냐? 나의 봄은 스스로 아는데 어찌 너의 미혹함을 대신하겠느냐?

　네가 만일 스스로 보더라도 나의 미혹함을 대신할 수 없는데 어찌 스스로 알지 못하고 스스로 보지 못하면서 나의 보고, 보지 않음을 묻느냐?"

　신회가 다시 백여 번 절을 하며 허물을 사죄하였고 부지런히 모시며 좌우를 떠나지 않았다.

　어느 날 조사가 대중에게

　"나에게 한 물건이 있는데 머리도 없고 꼬리도 없으

六祖壇經 • 243

名無字하며 無背無面하니 諸人은 還識否아 神會가
出曰是諸佛之本源이오 神會之佛性이니이다 師가
曰向汝道無名無字어늘 汝便喚作本源佛性하니
汝向去하야 有把茆蓋頭라도 也只成箇知解宗徒리라
祖師滅後에 會入京洛하야 大弘曹溪頓敎하고 著顯
宗記하야 盛行于世하니라

며 이름도 없고 글자도 없으며 등도 없고 얼굴도 없으니 너희들은 알겠느냐?"하시니 신회가 나와서

"이것은 모든 부처님의 본원이며 신회의 불성입니다."하므로 조사가 말씀하셨다.

"너희에게 이름도 없고 글자도 없다 하였는데 네가 문득 본원이며 불성이라고 하니 너는 어디 가서 지도자가 되더라도 한낱 지해종도(안다는 확신을 내세워 이름이나 글자의 집착을 완전히 벗어나지 못하는 무리)밖에 만들지 못하겠구나." 신회가 조사가 돌아가신 후에 서울에 들어가서 조계의 돈교를 크게 넓히고 현종기를 지으니 세상에 유행하였다.

師가 見諸宗이 難問에 咸起惡心하야 多集座下하시고 愍而謂曰學道之人이 一切善念惡念을 應當盡除하야 無名可名을 名於自性無二之性이니 是名實性이라

於實性上에 建立一切教門이니 言下에 便須自見이니라 諸人이 聞說하고 總皆作禮하야 請事爲師하니라

  조사께서는 여러 종파들이 힐난하면서 모두가 나쁜 마음을 품고 모여드는 것을 보시고 불쌍히 여기며 말씀하셨다.

  "도를 배우는 사람은 일체의 착한 생각과 악한 생각을 마땅히 다 없애어서 무어라 이름할 것이 없어야 자성의 둘이 없는 성품이라 이름하는 것이며 이것을 이름하여 실다운 성품이라 하느니라. 실다운 성품 위에 일체의 교문(教門)을 세우는 것이니 말 아래에 모름지기 스스로 볼지어다."

  모든 사람이 이 말씀을 듣고 다 예를 드리고 스승으로 모시기를 청하였다.

第九 宣詔品
제구 선조품

神龍元年上元日에 則天과 中宗이 詔云 朕이 請
신룡이년상원일 측천 중종 조운 짐 청
安秀二師하야 宮中에 供養하고 萬機之暇에 每究一
안수이사   궁중   공양   만기지가   매구일
乘이러니 二師가 推讓云南方에 有能禪師하야 密受
승   이사   추양운남방   유능선사   밀수
忍大師衣法하야 傳佛心印하시니 可請彼問하라할새
인대사의법   전불심인   가청피문

제구. 선조품

　신룡 원년(705년) 정월 보름날에 측천과 중종이 조서를 보내며 이르기를
　"짐이 혜안국사와 신수 두 대사를 청하여
궁중에서 공양하며 만사를 보살피는 겨를에
언제나 일승을 연구하였더니
두 대사가 사양하며 말하기를
　「남방의 혜능선사가 홍인대사의 가사와 법을 받아서
부처님의 심인을 전해 받았으니 그 분을 청하여 물으십시오.」하기에

今遣內侍薛簡하야 馳詔迎請하노니 願師는 慈念하야
금견내시설간　　　치조영청　　　원사　　자념
速赴上京하소서 師가 上表辭疾하시고 願終林麓하신대
속부상경　　　사　상표사질　　　원종임록
薛簡이 曰京城禪德이 皆云欲得會道인댄 必須坐
설간　왈경성선덕　　개운욕득회도　　필수좌
禪習定이니 若不因禪定코 而得解脫者가 未之有
선습정　　약불인선정　　이득해탈자　미지유
也라하니 未審師所說法은 如何니잇고
야　　　미심사소설법　　여하
師가 曰道由心悟니 豈在坐也리오
사　왈도유심오　　기재좌야

　이제 내시인 설간을 보내어 조서를 전하며 청하오니 조사께서는 자비로 살피시어 속히 서울로 오시기 바랍니다."하였으나

　조사께서는 아프다는 글을 올려 사양하시며 산기슭 숲 속에서 여생을 마치기 원하였다. 설간이 말하기를

　"경성의 선덕들이 모두 다 말하기를 「도를 알고자 하면 반드시 좌선하여 정(定)을 익혀야 한다. 선정을 하지 않고 해탈을 얻는다는 것은 있을 수 없는 일이다.」하시던데 조사께서는 어떻게 설하시는지 모르겠습니다."하니 조사가 말씀하셨다.

　"도는 마음으로 깨닫는 것인데 어찌 앉는데 있겠습

經에 云若言如來가 若坐若臥라하면 是行邪道니 何
경 운약언여래 약좌약와   시행사도 하
故오. 無所從來며 亦無所去라하시니 無生無滅이 是
고   무소종래   역무소거   무생무멸 시
如來淸淨禪이오 諸法空寂이 是如來淸淨坐라 究
여래청정선   제법공적   시여래청정좌   구
竟無證이어니 豈況坐耶아
경무증   기황좌야

簡이 曰弟子가 回京하면 主上이 必問하시리니 願師는
간   왈제자 회경   주상   필문   원사
慈悲로 指示心要하사 傳奏兩宮과 及京城學道
자비   지시심요   전주양궁   급경성학도

니까. 경(금강경)에 이르시길「만일 여래가 앉기도 하고 눕기도 한다고 말한다면 이것은 사도를 행하는 것입니다. 왜냐하면「어디로부터 온 바가 없으며 또한 갈 바도 없다.」하셨습니다. 나는 것도 없고 없어지는 것도 없는 것이 여래의 청정한 선(禪)이고 모든 법이 비어 고요한 것이 여래의 청정 좌(坐)이며 끝내 증득할 것이 없는데 어찌 하물며 앉는데 있겠습니까?" 설간이 말하기를

"제자가 경성에 돌아가면 주상께서 반드시 물으실 것이니 원컨대 조사께서 자비를 베푸시어 마음의 요점을 가르쳐 주시면 두 궁전과 경성에서 배우는 사람들에게

者하야 譬如一燈이 然百千燈에 冥者皆明하야 明明無盡케하소서 師가 云道無明暗이니 明暗은 是代謝之義라 明明無盡도 亦是有盡이니 相待立名故라 淨名經에 云法無有比니 無相待故라하시니라

簡이 曰明喩智慧하고 暗喩煩惱니 修道之人이 倘不以智慧로 照破煩惱면 無始生死를 憑何出離리잇고

전하고 아룀으로서 비유하건대 한 개의 등이 백 천 개의 등을 켜서 어두운 것을 모두 밝게 하듯이 밝고 밝음이 영원하도록 하겠습니다."하니 조사가 말씀하셨다.

"도에는 밝고 어두움이 없습니다. 밝음과 어두움은 번갈아 바뀐다는 뜻입니다. 밝고 밝아 다 함이 없는 것도 역시 다함이 있는 것이니 상대로 이름을 세웠기 때문입니다. 정명경에서 말씀하시길 「법은 비교할 데가 없음이니 상대가 없기 때문이다.」라고 하셨습니다."

설간이 "밝음은 지혜에 비유하고 어두움은 번뇌에 비유한 것이니 도를 닦는 사람이 만일 지혜로써 번뇌를 비추어 깨뜨리지 아니하면 비롯함이 없는 생사를

師가 曰煩惱가 卽是菩提라 無二無別이니 若以智
慧로 照破煩惱者인댄 此是二乘의 見解라
羊鹿等機니 上智大根은 悉不如是니라
簡이 曰如何是大乘見解니잇고 師가 曰明與無明을
凡夫는 見二어니와 智者는 了達其性이 無二하나니 無
二之性이 卽是實性이라

무엇을 의지하여 벗어나겠습니까?"

하니 조사가 말씀하셨다.

"번뇌가 곧 보리입니다. 둘이 아니고 다른 것이 아닙니다. 만일 지혜로써 번뇌를 비추어 깨뜨린다고 하면 이것은 이승의 견해이고 양과 사슴 등의 근기이지 높은 지혜의 대 근기는 다 이와 같지 않습니다."

설간이 "어떤 것이 대승의 견해입니까?"
라고 여쭈니

"밝은 것과 밝지 못한 것을 범부는 둘로 보지만 지혜로운 사람은 그 성품이 둘이 아님을 요달합니다.

둘이 아닌 성품이 곧 실다운 성품입니다.

實性者는 處凡愚而不滅하고 在賢聖而不增하며 住
煩惱而不亂하고 居禪定而不寂이니 不斷不常하고
不來不去하며 不在中間과 及其內外하야 不生不滅
하야 性相이 如如하야 常住不遷을 名之曰道니라
簡이 曰師說不生不滅이 何異外道리잇고
師가 曰外道所說不生不滅者는 將滅止生하고 以

 실다운 성품이라는 것은 어리석은 범부에게 있어도 줄어들지도 않고 현명한 성인에게 있어도 늘어나지 않으며 번뇌에 머물러도 어지럽지 않고 선정에 있어도 고요하지 않으며 끊어지지도 않고 항상 하지도 않으며 오지도 않고 가지도 않으며 중간과 그 안팎에도 있지 아니하며 나지도 않고 없어지지도 않아 성품의 모습이 여여하여 항상 머물러 변천하지 않는 것을 도라고 이름합니다." 하셨다.

 설간이 "조사께서 말씀하시는 불생 불멸은 외도와 어떻게 다릅니까?"라고 여쭈니

 "외도가 말하는 불생 불멸은 멸을 가지고 생을 멈추

生顯滅이라 滅猶不滅이오 生說不生이어니와 我說不
생현멸   멸유불멸   생설불생   아설불

生不滅者는 本自無生이라
생불멸자   본자무생

今亦不滅이니 所以로 不同外道니라 汝若欲知心
금역불멸   소이   부동외도   여약욕지심

要인대 但一切善惡을 都莫思量하면 自然得入淸淨
요   단일체선악   도막사량   자연득입청정

心體하야 湛然常寂하야 妙用이 恒沙리라
심체   담연상적   묘용   항사

簡이 蒙指敎하고 豁然大悟하야 禮辭歸闕하야 表奏
간 몽지교   활연대오   예사귀궐   표주

고 생으로써 멸을 나타내는 것이라.

　멸도 오히려 불멸과 같으며 나는 것도 나지 않는 것이라 말하지만 내가 말한 불생 불멸이라는 것은 본래 스스로 생겨남이 없는 것이어서 이제 없어지는 것도 없습니다. 그러므로 외도와는 같지 않습니다.

　그대가 만일 핵심을 알고자 하면 일체의 선과 악을 전혀 생각하지 마십시오. 자연히 청정한 마음의 바탕에 들어설 것이며 맑고 항상 고요하여 그 묘한 작용이 항하의 모래 수 같을 것입니다."라 하셨다.

　설간이 가르침을 받고 크고 시원하게 깨달아서 절하고 하직하여 대궐로 돌아와

師語한대 其年九月三日에 有詔하야 獎諭師曰師辭
사어   기년구월삼일   유조   장유사왈사사
老疾하야 爲朕修道하시니 國之福田이라
노질   위짐수도   국지복전
師若淨名의 托疾毘耶하야 闡揚大乘하야 傳諸佛心
사약정명 탁질비야   천양대승   전제불심
하야 談不二法이니이다
    담불이법
薛簡이 傳師의 指授如來知見할새 朕이 積善餘慶
설간 전사   지수여래지견   짐   적선여경
과 宿種善根으로 値師出世하야 頓悟上乘하니 感荷
  숙종선근   치사출세   돈오상승   감하

조사의 말씀을 글로 올렸다.

그해 9월 3일에 조서가 있었는데 조사께 감사하며 이르기를

"조사께서 늙고 병들었다고 말씀하시며 짐을 위하여 도를 닦으시니 나라의 복전입니다. 조사께서는 정명 (유마힐 거사)께서 병을 들어 비야리 성에서 사양하고 대승을 명백하게 들어 나타내며 모든 부처님의 마음을 전하시고 둘이 아닌 법을 말씀하신 것과 같습니다. 설간이 조사께서 가르쳐 주신 여래의 지견을 전하여 주니 짐은 적선을 쌓은 집에 경사가 있는 생활이 되었고 숙세에 심은 선근으로 조사의 출현하심을 만나서 높은

師恩ᄒᆞ야 頂戴無已니이다ᄒᆞ시고 幷奉磨衲袈裟와 及
사 은   정 대 무 이   병봉마납가사   급
水晶鉢ᄒᆞ며 勅韶州刺史ᄒᆞ야 修飾寺宇ᄒᆞ고 賜師舊
수 정 발   칙 소 주 자 사   수 식 사 우   사 사 구
居ᄒᆞ사 爲國恩寺ᄒᆞ다
거   위 국 은 사

〈승〉을 몰록 깨달았으니 조사의 은혜에 감사하여 머리에 받들어 마지않습니다."하며

　마납 가사와 수정 발우를 드리고 소주자사에게 명하여 도량을 수리하여 장엄하게 하고 조사의 옛 거처에 국은사 라는 이름을 내리셨다.

254 • 第九 宣詔品

第十 付囑品
제십 부촉품

師가 一日에 喚門人法海 志誠 法達 神會 智
사 일일 환문인법해 지성 법달 신회 지
常 智通 志徹 志道 法珍 法如等하야 曰汝等
상 지통 지철 지도 법진 법여등 왈여등
은 不同餘人이라 吾滅度後에 各爲一方師하리니 吾
  부동여인   오멸도후   각위일방사   오
今敎汝說法하야 不失本宗케호리라
금교여설법   부실본종

제십. 부촉품

조사께서 하루는

문인인 법해와 지성과 법달과 신회와

 지상과 지통과 지철과 지도와 법진과 법여등을 불러 말씀하셨다.

 "너희들은 다른 사람과 같지 않아

내가 멸도한 후에

각각 한 지방의 스승이 될 것이므로 내가 이제 너희들에게 설법하는 것을 가르쳐서

근본 종지를 잃지 않게 하리라.

先須擧三科法門과 動用三十六對호리니 出沒에 卽
선 수 거 삼 과 법 문   동 용 삼 십 육 대   출 몰   즉
離兩邊하고 說一切法에 莫離自性이니 忽有人이 問
리 양 변   설 일 체 법   막 리 자 성   홀 유 인   문
汝法이어든 出語盡雙하야 皆取對法하야 來去相因하고
여 법   출 어 진 상   개 취 대 법   내 거 상 인
究竟에 二法을 盡除하야 更無去處니라
구 경 이 법   진 제   갱 무 거 처
三科法門者 陰界入也라 陰은 是五陰이니 色受想
삼 과 법 문 자 음 계 입 야   음   시 오 음   색 수 상
行識이 是也오 入은 是十二入이니 外六塵色聲香
행 식   시 야   입   시 십 이 입   외 육 진 색 성 향

 먼저 삼과 법문에 의거하여
움직이고 작용하는 36가지 상대를 들것이니 나오고
들어감에 두 끝을 여의고 일체 법이 자성을 떠나지 않
았음을 설하리라.
 갑자기 어떤 사람이 너희에게 법을 묻거든 말을 모
두 쌍으로 하고 모두 상대법을 취하여 오고 감을 서로
원인으로 하고 마침내는 두 법을 모두 없애어 다시 갈
곳이 없게 하여라.
 삼과 법문이라 하는 것은 〈음〉〈계〉〈입〉을 말한다.
 음은 곧 5음이니 색·수·상·행·식 이것이고, 입
은 곧 12입으로 밖의 6진인 색·성·향·미·촉·법

味觸法과 內六門眼耳鼻舌身意가 是也오 界是十
미촉법　내육문안이비설신의　　시야　　계시십
八界니 六塵六門六識이 是也라
팔계　육진육문육식　시야
自性이 能含萬法이 名含藏識이니 若起思量하면 即
자성　능함만법　명함장식　　약기사량　　즉
是轉識이라 生六識出六門見六塵하나니 如是一十
시전식　　생육식출육문견육진　　　여시일십
八界가 皆從自性起用이라 自性이 若邪하면 起十八
팔계　개종자성기용　　자성　약사　　기십팔
邪하고 自性이 若正하면 起十八正이니 若惡用하면 即
사　　자성　약정　　기십팔정　　약악용　　즉

과 안의 6문인 안·이·비·설·신·의 이것이며, 계는 18계로 6진과 6문과 6식 이것이니라.

　자성이 만 법을 머금었으므로
함장식이라 하는 것이다.
　만일 생각을 일으키면 곧 의식을 굴리는 것이다.
　6식을 내어 6문을 나와 6진을 보게 된다.
　이와 같이 18계가 모두 자성으로부터
일어나는 것이므로 자성이 만일 삿 되면 18사(邪)가
일어나고
자성이 만일 바르면 18정(正)이 일어나느니라.
　만일 악하게 쓰면 중생의 용(用)이고 착하게 쓰면

衆生用이오 善用하면 卽佛用이니라
用由何等고 由自性하야 有對法하니 外境無情이 五
對니 天與地對며 日與月對며 明與暗對며 陰與陽
對며 水與火對라
此是五對也오 法相語言이 十二對니 語與法對며
有與無對며 有色與無色對며 有相與無相對며 有

부처님의 용이니라.

작용은 무엇을 근거로 이루어지는가?

자성을 말미암아 상대법이 있느니라.

바깥 경계인 물질 세계에는 다섯 가지 상대가 있다.

하늘과 땅이 상대고

해와 달이 상대고, 밝음과 어두움이 상대고, 음과 양이 상대고, 물과 불이 상대다.

이것이 다섯 가지의 상대다.

법상을 나타내는 말에는 열두 가지 상대가 있다.

말과 법이 상대고, 유와 무가 상대며, 빛깔과 빛깔 아닌 것이 상대고, 모양과 모양 아닌 것이 상대며, 번

漏與無漏對며 色與空對며 動與靜對며 清與濁
루여무루대 색여공대 동여정대 청여탁
對며 凡與聖對며 僧與俗對며 老與少對며 大與小
대 범여성대 승여속대 노여소대 대여소
對라 此是十二對也오
대 차시십이대야
自性起用이 十九對니 長與短對며 邪與正對며 痴
자성기용 십구대 장여단대 사여정대 치
與慧對며 愚與智對며 亂與定對며 慈與毒對며 戒
여혜대 우여지대 난여정대 자여독대 계
與非對며 直與曲對며 實與虛對며 險與平對며 煩
여비대 직여곡대 실여허대 험여평대 번

뇌와 번뇌 없음이 상대고, 물질과 허공이 상대며, 움직임과 고요함이 상대고, 맑음과 흐림이 상대며, 범부와 성인이 상대고, 승려와 속인이 상대며, 늙음과 젊음이 상대고, 큰 것과 작은 것이 상대다.

이것이 열두 가지의 상대다.

자성이 작용을 일으키는데는 열 아홉 가지의 상대가 있다. 긴 것과 짧은 것이 상대고, 삿된 것과 올바른 것이 상대며, 어리석은 것과 지혜로운 것이 상대고, 모르는 것과 앎이 상대며, 어지러움과 고요함이 상대고, 자비로움과 독한 것이 상대며, 계(戒)와 그릇됨이 상대고, 곧은 것과 굽은 것이 상대며, 참됨과 헛됨이 상대

惱與菩提對_며 常與無常對_며 悲與害對_며 喜與瞋
뇌여보리대   상여무상대   비여해대   희여진
對_며 捨與慳對_며 進與退對_며 生與滅對_며 法身與
대   사여간대   진여퇴대   생여멸대   법신여
色身對_며 化身與報身對_라 此是十九對也_{니라}
색신대   화신여보신대   차시십구대야
師_가 言_{하사되} 此三十六對法_을 若解用_{하면} 即道貫
사   언   차삼십육대법   약해용   즉도관
一切經法_{하야} 出入_에 即離兩邊_{하야} 自性動用_과 共
일체경법   출입   즉리양변   자성동용   공
人言語_에 外於相_에 離相_{하고} 內於空_에 離空_{이어니와}
인언어   외어상   이상   내어공   이공

고, 험한 것과 평탄한 것이 상대며, 번뇌와 보리가 상대고, 늘 있음과 덧없음이 상대며, 불쌍히 여기는 것과 해치는 것이 상대고, 기쁜 것과 성내는 것이 상대며, 주는 것과 인색한 것이 상대고, 나아가는 것과 물러나는 것이 상대며, 생겨나는 것과 없어지는 것이 상대고, 법신과 육신이 상대며, 화신과 보신이 상대다. 이것이 곧 열 아홉 가지의 상대이니라.

 이 서른 여섯 가지 상대법을 만일 쓸 줄 알면 곧 도가 모든 경전의 법을 꿰뚫어 출입함에 두 가지 끝을 여의어서 자성을 움직여 쓰는 것과, 사람과 함께 말함에 있어서 밖으로는 상에 대하여 상을 떠나고 안으로는

若全著相_{하면} 卽長邪見_{이오} 若全執空_{하면} 卽長無明_{하리라}
약 전 착 상   즉 장 사 견   약 전 집 공   즉 장 무 명

執空之人_은 有謗經_{하야} 直言不用文字_{라하나니} 旣云不用文字_{인댄} 人亦不合語言_{이니} 只此語言_이 便是文字之相_{이니라}
집 공 지 인   유 방 경   직 언 불 용 문 자   기 운 불 용 문 자   인 역 불 합 어 언   지 차 어 언   변 시 문 자 지 상

又云直道_는 不立文字_{라하나니} 卽此不立兩字_도 亦
우 운 직 도   불 립 문 자   즉 차 불 립 양 자   역

공에 대하여 공을 떠나느니라.

　만일 상에 완전히 집착하면 사견을 기르고 만일 공을 완전히 집착하면 무명을 기르느니라.

　공에 집착한 사람은 경을 비방하여 바로 문자를 쓰지 않는다고 말하는데 문자를 이미 쓰지 않는다고 말한다면 다른 사람에게 말을 하는 것도 부당한 것이니 이런 말은 다만 문자의 모습일 뿐이다.

　또 말하기를 곧은 도는 문자를 세우지 않는다 하지만 이 세우지 않는다는 두 글자도 또한 문자이다.

是文字어늘 見人所說하고 便卽謗他하야 言著文字
라하나니 汝等은 須知하라
自迷는 猶可어니와 又謗佛經가 不要謗經이니 罪
障이 無數하리라 若著相於外하야 而作法求眞하며 或
廣立道場하야 說有無之過患인댄 如是之人은 累
劫에도 不得見性하리니 但聽依法修行하고 又莫百

　이런 사람이 다른 사람이 말하는 것을 보고 곧 그를 비방하기를 문자에 집착한다 하는데, 너희들은 모름지기 알아라.

　스스로 미혹함은 오히려 옳지만 불경까지 비방하겠느냐, 절대 경을 비방하지 말아라.

　죄의 업장이 헤아릴 수 없느니라.

　만일 밖으로의 모습에 집착하여 법을 만들어서 참(眞)을 구하거나 혹은 도량을 넓게 세워서 유와 무의 허물과 근심을 말한다면

이런 사람은 몇 겁이 지나더라도 견성하지 못할 것이니 다만 법을 듣고 법을 의지하여 수행할 것이며, 또

物을 不思하야 而於道性에 窒碍어다 若聽說不修하면
물 불사 이어도성 질애 약청설불수

令人으로 反生邪念이니 但依法修行하야 無住相法
영인 반생사념 단의법수행 무주상법

施어다
시

汝等이 若悟하야 依此說依此用하며 依此行依此作
여등 약오 의차설의차용 의차행의차작

하면 卽不失本宗하리라
즉부실본종

若有人이 問汝義호대 問有어든 將無對하고 問無어든
약유인 문여의 문유 장무대 문무

　백가지 물건을 생각지 아니하는 것이 수행이라 하여 도의 성품을 막히게 하지 말아라.
　만일 설법을 듣고 닦지 아니하면
사람으로 하여금 도리어 삿된 생각을 내게 하니 다만 법을 의지하여 수행해서 상에 머무름이 없이 법을 베풀어라.
　너희들이 만일 깨닫고 이를 의지하여 말하고 이를 의지하여 쓰며 이를 의지하여 행하고 이를 의지하여 지으면 곧 근본 종지를 잃지 않으리라.
　만일 어떤 사람이 너희에게 뜻을 물을 때 유를 물으면 무로써 대답하고 무를 물으면 유로써 대답하며 범

將有對하며 問凡이어든 以聖對하고 問聖이어든 以凡
對하야 二道相因하야 生中道義니 如一問一對하고
餘問을 一依此作하면 卽不失理也리라
設有人이 問호대 何名爲暗고하면 答云明是因이오 暗
是緣이니 明沒卽暗이라하야 以明顯暗하고 以暗顯明
하야 來去相因하야 成中道義니라

  부를 물으면 성인으로써 대답하고 성인을 물으면 범부로 대답하여 두 도가 서로 원인이 되어 중도의 뜻이 나게 할 것이며, 한번 물으면 한번 대답하고 나머지 물음을 한결같이 이렇게 대답하면 이치를 잃지 않으리라.

  가령 어떤 사람이 묻기를 어떤 것을 어두움이라고 하느냐하면 대답하기를 밝음이 〈인〉이고 어두움이 〈연〉이 되어 밝음이 없어지면 곧 어두움이다라고 하여라.

  밝음으로써 어두움을 나타내고 어두움으로써 밝음을 나타내는 것이며 오고 감이 서로 원인이 되어 중도의 뜻을 이루는 것이니, 나머지 물음에도 모두 이와 같이 하여라.

餘問을 悉皆如此니 汝等이 於後傳法에 依此迭相
敎授하야 勿失宗旨어다
師於太極元年壬子七月에 命門人하사 往新州國
恩寺하야 建塔하실새 仍令促工하사 次年夏末에 落
成하야 七月一日에 集徒衆曰吾至八月에 欲離世
間하노니 汝等이 有疑어든 早須相問하라

　너희들이 후에 법을 전할 때에도
이것에 의지하여 서로 바꾸어 가르쳐서 종지를 잃지
않도록 하여라."

　조사께서 태극 원년 임자년(712년) 7월에
문인에게 명하시어 신주 국은사에 가서 탑을 세우게
하시고, 일하는 사람들을 자주 독촉하여 다음해 늦여
름에 낙성을 하였다.

　7월 1일에 문도 대중들을 모아놓고 말씀하셨다.
"내가 8월이 되면 세상을 떠나고자 하니 너희들이
의심 나는 것이 있거든 빨리 물어 보아라.
　너희들의 의심을 부수어서 너희로 하여금 어리석음

爲汝破疑_{하야} 令汝迷盡_{케호리라} 吾若去後_에 無人
위여파의   영여미진   오약거후   무인

敎汝_{니라} 法海等_이 聞_{하고} 悉皆涕泣_{호대} 惟有神
교여   법해등   문   실개체읍   유유신

會_가 神情不動_{하고} 亦無涕泣_{이어늘} 師_가 曰神會小
회   신정부동   역무체읍   사   왈신회소

師_가 却得善不善等_과 毁譽不動_과 哀樂不生_{이오}
사   각득선불선등   훼예부동   애락불생

餘者_는 不得_{이로다}
여자   부득

數年_을 在山_{하야} 竟修何道_오 汝今悲泣_은 爲憂阿
수년   재산   경수하도   여금비읍   위우아

이 없게 하리라. 내가 간 뒤에는 너희를 가르칠 사람이 없을 것이니라."

법해 등이 듣고 모두 눈물을 흘리며 슬퍼하는데 오직 신회만이 마음을 움직이지 않고 울지도 않았기에 조사가 말씀하셨다.

"신회소사가 오히려 선과 선하지 못함이 평등함을 얻었으며, 헐뜯는 것과 칭찬하는 것에 움직이지 않는 마음을 얻었으며, 슬픔이나 즐거움을 내지 않는 마음을 얻었구나.

다른 사람들은 얻지 못했으니 몇 해씩 산에 있으면서 결국 무슨 도를 닦았는가? 너희가 지금 슬피 우는

誰오 若憂吾의 不知去處인댄 吾가 自知去處니 吾
수　약우오　　부지거처　　　오　　자지거처　　오
若不知去處인댄 終不預報於汝니라
약부지거처　　　종불예보어여
汝等悲泣은 蓋爲不知吾의 去處니 若知吾의 去
여등비읍　　개위부지오　　거처　　약지오　　거
處인댄 卽不合悲泣이니라
처　　즉불합비읍
法性은 本無生滅去來니 汝等은 盡坐하라 吾與汝
법성　본무생멸거래　　여등　　진좌　　　오여여
說一偈호리니 名曰眞假動靜偈라
설일게　　　명왈진가동정게

데 누구에게 잘 보이려고 근심하는 것이냐? 만일 내가 가는 곳을 알지 못하여 근심한다면 내가 스스로 갈 곳을 알고 있느니라. 내가 만일 갈 곳을 알지 못한다면 너희에게 미리 알려주지 못 했을 것이니라.

　너희들이 슬피 우는 것은 대체로 내가 가는 것을 알지 못하기 때문이다. 만일 내가 가는 것을 안다면 당연히 슬퍼하며 울지는 않으리라.

　법의 성품에는 본래 생겨나는 것과 없어지는 것과 가는 것과 오는 것이 없으니 너희들은 모두 앉아라.

　내가 너희들에게 한 게송을 주리라.

　이름은 〈진가동정게〉라 하는데,

汝等이 誦取此偈하면 與吾意同이니 依此修行하면
不失宗旨하리라
衆僧이 作禮하고 請師說偈한대 偈曰
　　一切無有眞하니　　不以見於眞이어다
　　若見於眞者는　　是見이 盡非眞이니라
　　若能自有眞인댄　　離假卽心眞이니

　너희들이 이 게송을 외워서 지니면 나의 생각과 같아질 것이며 이를 의지하여 수행하면 종지를 잃지 않을 것이다."

　스님들이 예를 올리고 조사에게 게송을 설해 주실 것을 청하자 말씀을 하셨다.

　　일체가 참다움이 없으니
　　참이라고 보지 말지어다.
　　만일 참인 줄 보는 자는
　　그 소견이 참되지 못하리
　　만일 스스로 참다움이 있다면
　　거짓을 여읜 즉 마음이 참이니

自心은 不離假라 　無眞이어니 何處眞이리오
자 심　 불 리 가　　　무 진　　　하 처 진

有情은 即解動이오　無情은 即不動이니
유 정　즉 해 동　　　무 정　즉 부 동

若修不動行하면　　同無情不動하리라
약 수 부 동 행　　　동 무 정 부 동

若覓眞不動인댄　　動上에 有不動이니
약 멱 진 부 동　　　동 상　유 부 동

不動이 是不動인댄　無情은 無佛種이니라
부 동　시 부 동　　　무 정　무 불 종

能善分別相호대　　第一義에 不動이니
능 선 분 별 상　　　제 일 의　부 동

스스로 마음에 거짓을 여의지 않으면

참은 없거니 어느 곳이 참이겠느냐.

유정은 곧 움직일 줄 알고

무정은 움직일 줄을 모르니

만일 움직이지 않는 행을 닦으면

무정이 움직이지 않는 것과 같으리라.

만일 참으로 움직이지 않음을 찾으려면

움직이는 위에 움직이지 않음이다.

움직이지 않음이 부동이라면

무정은 부처님 될 종자도 없겠구나?

능히 상을 잘 분별하되

제일의(구경의 진리)에 움직이지 말아라.

但作如此見하면 即是眞如用이니라
단 작 여 차 견　　즉 시 진 여 용

報諸學道人하노니 努力須用意하야
보 제 학 도 인　　　노 력 수 용 의

莫於大乘門에 却執生死智어다
막 어 대 승 문　　각 집 생 사 지

若言下에 相應하면 即共論佛義어니와
약 언 하　상 응　　즉 공 론 불 의

若實不相應인댄 合掌令歡喜니라
약 실 부 상 응　　합 장 영 환 희

此宗은 本無諍이라 諍即失道義니
차 종　본 무 쟁　　쟁 즉 실 도 의

다만 이 같은 소견을 지으면

이것이 곧 진여의 작용이니라.

도를 배우는 사람들에게 알리니

힘써 모름지기 뜻을 써서

대승의 문에서

지혜로 생사를 돌이켜 집착하지 말라.

만일 말끝에 서로 맞으면

곧 불법을 같이 의논하되

만일 실답게 상응하지 않으면

합장하여 환희케 하여라.

이 종은 본래 다툼이 없는 것이라.

다투면 곧 도의 뜻을 잃어버리며

執逆諍法門하면 自性이 入生死하리라
집역쟁법문 자성 입생사

時에 徒衆이 聞說偈已에 普皆作禮하야 並體師意
시 도중 문설게이 보개작례 병체사의

하고 各各攝心하야 依法修行하야 更不敢諍이러니 乃
각각섭심 의법수행 갱불감쟁 내

知大師의 不久住世하고 法海上座가 再拜問曰和
지대사 불구주세 법해상좌 재배문왈화

尙이 入滅之後에 衣法은 當付何人이니잇고
상 입멸지후 의법 당부하인

師가 曰吾於大梵寺에 說法하야 以至于今히 抄錄
사 왈오어대범사 설법 이지우금 초록

거꾸로 집착하여 법문을 다투면
자성이 생사에 빠지리라.

때에 대중들이 조사께서 설하신 게송을 듣고 모두 다 절하였고 아울러 조사의 뜻을 알았다.

각각 마음을 거두고 법을 의지하여 수행하며 다시는 감히 다투지 않았다.

대사께서 세상에 오래 머무르시지 못할 것을 알고 법해상좌가 다시 절하며 여쭙기를

"화상께서 입멸하신 뒤에 가사와 법은 마땅히 어떤 사람에게 맡기십니까?" 하니 조사가 말씀하셨다.

"내가 대범사에서 설법한 이후부터 지금에 이르기까

流行하니 目曰法寶壇經이고 汝等은 守護하야 遞相
유행   목 왈 법보단경   여등 수호   체상
傳授하야 度諸群生호대 但依此說하면 是名正法이니라
전수   도제군생   단의차설   시명정법
今爲汝等하야 說法하고 不付其衣하노니 蓋爲汝等의
금위여등   설법   불부기의   개위여등
信根이 淳熟하야 決定無疑하야 堪任大事나 然이나
신근   순숙   결정무의   감임대사   연
據先祖達磨大師의 付授偈意컨댄 衣不合傳이니라
거선조달마대사 부수게의   의불합전
偈에 曰
게   왈

지 법보단경이라고 기록하여 둔 것이 유행하고 있으니 너희들은 이것을 수호하고 번갈아 가며 서로 전해 주어 모든 중생을 제도하되 다만 이 말대로만 하면 곧 정법이라 할 것이니라.

이제 너희들을 위하여 법을 설하되 그 가사는 맡기지 않겠노라.

대체로 너희들은 믿음의 근기가 순박하고 무르익었으며 의심이 전혀 없으므로 큰일을 감당할 만하지만 선조인 달마대사께서 부탁하며 주신 게의 뜻에 의거하여 옷은 마땅히 전하지 않을 것이니라." 하시며 게송을 말씀하셨다.

吾本來茲土하야 　　傳法救迷情하노니
一花開五葉하야 　　結果自然成하리라

師가 復曰 諸善知識아 汝等이 各各淨心하고 聽吾說法하라 若欲成就種智인댄 須達一相三昧와 一行三昧니 若於一切處에 而不住相하야 於彼相中에 不生憎愛하며 亦無取捨하며 不念利益成壞等事하야

내가 본래 이 땅에 온 것은
법을 전하여 미혹한 중생을 구제 하려함인데
한 꽃에 다섯 잎이 열려서
열매가 자연히 맺으리라.

"선지식아! 너희들은 모두 마음을 깨끗이 하고 나의 설법을 들어라. 만일 일체종지를 성취하고져 하면 모름지기 일상삼매와 일행삼매에 통달하여야 하느니라. 만일 언제 어디서나 상에 머물지 않아서 그 상 가운데 있으면서 미워하거나 애착하는 생각을 내지 않으며 또 취하거나 버리지 아니하며 이익과 성취와 무너짐 등의 일을 생각지 아니하여 편안하고 한가로우며 아주 고요

安閑恬靜하고 虛融澹泊하면 此名一相三昧며 若於
안 한 염 정   허 융 담 박   차 명 일 상 삼 매   약 어
一切處行住坐臥에 純一直心으로 不動道場하고 眞
일 체 처 행 주 좌 와   순 일 직 심   부 동 도 량   진
成淨土하면 此名一行三昧니 若人이 具二三昧하면
성 정 토   차 명 일 행 삼 매   약 인   구 이 삼 매
如地有種에 含藏長養하야 成熟其實인달하야 一相
여 지 유 종   함 장 장 양   성 숙 기 실   일 상
一行도 亦復如是하니라
일 행   역 부 여 시
我今說法은 猶如時雨가 普潤大地요 汝等佛性은
아 금 설 법   유 여 시 우   보 윤 대 지   여 등 불 성

하고 허공처럼 비어 통하고, 욕심이 없는 깨끗한 마음을 가지면 이것을 일상삼매라 한다. 만일 언제 어디서나 움직이거나 머무르거나 앉거나 눕더라도 순수하고 곧은 마음으로 도량을 움직이지 않고 참으로 정토를 이루면 이것을 일행삼매라 하느니라.

만일 어떤 사람이 두 가지 삼매를 다 갖추면 마치 땅에 종자가 떨어져 싹이 트고 자라나서 열매가 여무는 것과 같이 일상삼매와 일행삼매도 또한 이와 같으니라. 내가 지금 법을 설하는 것은 때맞춰 비가 내려 대지를 두루 윤택하게 하는 것과 같고 너희들의 불성은 비유하건대 모든 종자가 이 비를 만나 흠뻑 적셔져서

譬諸種子가 遇玆霑洽에 悉得發生이니 承吾旨
비제종자　　우자점흡　　　실득발생　　　승오지
者는 決獲菩提하고 依吾行者는 定證妙果하리라
자　결획보리　　　의오행자　　정증묘과
聽吾偈하라 曰
청오게　　　왈
　　心地含諸種하니　　普雨悉皆萌이로다
　　심지함제종　　　　　보우실개맹
　　頓悟花情已하면　　菩提果自成하리라
　　돈오화정이　　　　　보리과자성
師가 說偈已하시고 曰其法이 無二라 其心도 亦然하며
사　설게이　　　　왈기법　무이　　기심　역연

　모두 다 싹이 트는 것과 같으니라.

　나의 뜻을 이어 받는 자는 반드시 깨달음을 얻을 것이고 나의 행을 의지하는 자는 반드시 묘한 과보를 얻을 것이니라.

　나의 게송을 들어라.

　　　마음의 땅이 모두 종자를 머금어서
　　　널리 비를 내리면 다 싹이 트리라.
　　　몰록 깨달아 꽃의 정(情)이 다하면
　　　보리의 열매는 절로 이루리라.

　게송을 마치고 말씀하시길
　"그 법이 둘이 없어서 그 마음도 또한 그러하며 그

其道淸淨하야 亦無諸相하니 汝等은 愼勿觀靜하며
기 도 청 정   역 무 제 상   여 등   신 물 관 정
及空其心이어다 此心이 本淨하야 無可取捨니 各自
급 공 기 심   차 심   본 정   무 가 취 사   각 자
努力하야 隨緣好去하라 爾時에 徒衆이 作禮而退하니라
노 력   수 연 호 거   이 시   도 중   작 례 이 퇴
大師가 七月八日에 忽謂門人曰吾欲歸新州하노니
대 사   칠 월 팔 일   홀 위 문 인 왈 오 욕 귀 신 주
汝等은 速理舟楫하라
여 등   속 리 주 즙
大衆이 哀留甚堅이어늘 師사 曰諸佛이 出現하사대 猶
대 중   애 류 심 견   사   왈 제 불   출 현   유

도가 청정하여 모든 상이 또한 없으니 너희들은 아무쪼록 고요함을 관 하려 하지 말고 그 마음을 비우려 하지 말아라. 이 마음이 본래 깨끗하여 취하거나 버릴 것이 없으니 각각 스스로 힘써서 인연을 따라 잘 가거라."

이에 대중들이 절하고 물러갔다.

대사가 7월 8일에 갑자기 문인들에게 말씀하셨다.

"내가 신주로 돌아가고자 하니 너희들은 속히 배와 돛대를 손질해 놓아라."

대중이 슬퍼하며 더 계시기를 간곡히 원하므로 조사가 말씀하셨다.

示涅槃하시니 有來必去는 理亦常然이라
吾此形骸도 歸必有所니라 衆이 曰師從此去하시면
早晚可回리잇고 師가 曰葉落歸根이라 來時無口니라
又問曰正法眼藏은 傳付何人이니잇고 師가 曰有道
者가 得이오 無心者가 通이니라
又問後에 莫有難否잇가 師가 曰吾滅後五六年에

"모든 부처님이 출현하시어 열반을 보이시듯이 오면, 반드시 가는 것이 당연한 이치이다. 나의 이 몸뚱아리도 반드시 돌아가야 할 곳이 있느니라."

"조사께서 이제 가시면 언제 돌아오십니까?"

"잎이 떨어지면 뿌리로 돌아가는 지라 올 때를 말로 할 수 없느니라."

"정법안장은 어떤 사람에게 전하십니까?"

"도 있는 자가 얻을 것이고 무심한 자가 통할 것이다."

"후에 난이 없겠습니까?"

"내가 죽은 후 5~6년이 되면 어떤 사람이 내 머리

當有一人이 來取吾首하리니 聽吾記하라 曰頭上養
당유일인　내취오수　　　청오기　　왈두상양
親함에 口裏須餐하는 遇滿之難에 楊柳爲官하리라 又
친　　구리수찬　　　우만지난　양유위관　　　　우
云吾去七十年에 有二菩薩이 從東方來호대 一은
운오거칠십년　유이보살　　종동방래　　　일
出家요 一은 在家니 同時興化하야 建立吾宗하며 締
출가　일　　재가　동시흥화　　　건립오종　　　체
緝伽藍하야 昌隆法嗣하리라
즙가람　　　창륭법사
問曰未知從上佛祖가 應現以來로 傳授幾代니잇고
문왈미지종상불조　응현이래　　전수기대

　를 가지러 올 것이니 나의 예언을 들어라.
　머리를 받들어 친히 공양하고져 함에(김대비), 입 속에 먹을 것을 구하는 장정만의 난을 만날 때 양유(양간, 유무첨)가 관이 되리라.
　내가 가고 70년이 되면 두 보살(마조, 방거사)이 동방에서 오는데 한 사람은 출가한 사람이고 한 사람은 재가자인데 동시에 크게 교화하여 나의 종(宗)을 세우고 가람을 짜임새 있게 하여 법을 이을 이들이 쏟아져 나오리라.”
　"위로부터 불조께서 나타나신 이래 몇 대를 전해왔는지 모르고 있습니다. 원하옵건대 가르쳐 주십시오"

願垂開示하소서
원수개시

師가 云古佛應世가 已無數量하야 不可計也어니와
사   운고불응세   이무수량   불가계야

今以七佛로 爲始하야 過去莊嚴劫에 毘婆尸佛
금이칠불   위시   과거장엄겁   비바시불

尸棄佛 毘舍浮佛과 今賢劫에 拘留孫佛 拘那
시기불 비사부불   금현겁   구류손불   구나

含牟尼佛 迦葉佛 釋迦文佛이 是爲七佛이오 釋
함모니불 가섭불 석가문불   시위칠불   석

迦文佛이 首傳第一摩訶迦葉尊者하시니
가문불   수전제일마하가섭존자

"고불(옛날 부처님)이 세상에 나오신 것은

그 수가 한량없어서

가히 헤아리지 못하니

이제 7불을 처음으로 삼으면

과거 장엄겁의

비바시불과 시기불과 비사부불과

지금 현겁의 구류손불과 구나함모니불과 가섭불과 석

가모니불이 7불이 되는데

석가모니불이

처음에 마하 가섭존자에게 전하셨으니

　제 이는 아난 존자고

第二는 阿難尊者요 第三은 商那和修尊者요
제이   아난존자   제삼   상나화수존자
第四는 優婆毱多尊者요 第五는 提多迦尊者요
제사   우바국다존자   제오   제다가존자
第六은 彌遮迦尊者요 第七은 婆須密多尊者요
제육   미차가존자   제칠   바수밀다존자
第八은 佛駄難提尊者요 第九는 伏駄密多尊者요
제팔   불타난제존자   제구   복타밀다존자
第十은 脇尊者요   十一은 富那夜奢尊者요
제십   협존자   십일   부나야사존자
十二는 馬鳴大士요   十三은 迦毘摩羅尊者요
십이   마명대사   십삼   가비마라존자

제 삼은 상나화수 존자며

제 사는 우바국다 존자고

제 오는 제다가 존자며

제 육은 미차가 존자고

제 칠은 바수밀다 존자며

제 팔은 불타난제 존자고

제 구는 복타밀다 존자며

제 십은 협 존자고

십일은 부나야사 존자며

십이는 마명대사고

십삼은 가비마라존자며

十四는 龍樹大士요 십사는 용수대사		十五는 迦那提婆尊者요 십오는 가나제바존자	
十六은 羅睺羅多尊者요 십육은 라후라다존자		十七은 僧伽難提尊者요 십칠은 승가난제존자	
十八은 伽耶舍多尊者요 십팔은 가야사다존자		十九는 鳩摩羅多尊者요 십구는 구마라다존자	
二十은 闍耶多尊者요 이십은 사야다존자		二十一은 婆修般頭尊者요 이십일은 바수반두존자	
二十二는 摩拏羅尊者요 이십이는 마나라존자		二十三은 鶴勒那尊者요 이십삼은 학륵나존자	
二十四는 師子尊者요 이십사는 사자존자		二十五는 婆舍斯多尊者요 이십오는 바사사다존자	

십사는 용수 대사고

십오는 가나제바 존자며

십육은 라후라다 존자고

십칠은 승가난제 존자며

십팔은 가야사다 존자고

십구는 구마라다 존자며

이십은 사야다 존자고

이십일은 바수반두 존자며

이십 이는 마나라 존자고

이십삼은 학륵나 존자며

이십사는 사자 존자고

二十六은 不如密多尊者요
이 십 육   불여밀다존자

二十七은 般若多羅尊者요
이 십 칠   반야다라존자

二十八은 菩提達磨尊者니 此土 是爲初祖요
이 십 팔   보리달마존자   차토 시위초조

二十九는 慧可大師요   三十은 僧璨大師요
이 십 구   혜가대사   삼십   승찬대사

三十一은 道信大師요   三十二는 弘忍大師니
삼 십 일   도신대사   삼 십 이   홍인대사

惠能은 是爲三十三祖라
혜 능   시위삼십삼조

   이십오는 바사사다 존자며

   이십육은 불여밀다 존자고

   이십 칠은 반야다라 존자며

   이십 팔은 보리달마 존자이니

이 땅에 초조가 되고

   이십 구는 혜가 대사고

   삼십은 승찬 대사며

   삼십 일은 도신 대사고

   삼십 이는 홍인 대사이니

혜능은

곧 삼십 삼 조가 되는 것이다.

從上諸祖가 各有稟承하시니 汝等 向後에 遞代流
傳하야 母令乖悞어다
大師가 開元元年癸丑歲八月初三日에 於國恩
寺에 齋罷하시고 謂諸徒衆曰汝等은 各依位坐하라
吾與汝別호리라
法海가 白言호대 和尙은 留何敎法하야 令後代迷

위로부터 모든 조사께서

이와 같이 각각 이어 받으셨으니

너희들도 이 뒤에 번갈아 가며 전하고

틀리거나 그르침이 없도록 하여라.

 대사가 개원 원년(713년) 계축년 8월 3일에 국은사에서 재를 파하시고 모든 대중에게 말씀하셨다.

 "너희들은 각각 지위를 따라서 앉아라. 내가 너희들과 이별하리라."

 법해가 말씀드리길

 "화상께서는 무슨 교법을 남기시어 후대에 미혹한 사람으로 하여금 불성을 보게 하시겠습니까?" 하니

人으로 得見佛性이니잇고 師言하사대 汝等은 諦聽하라 後代迷人이 若識衆生이면 卽是佛性이오 若不識衆生이면 萬劫에 覓佛難逢이니라 吾今敎汝하야 識自心衆生하며 見自心佛性케하노니 欲求見佛인댄 但識衆生이니라 只爲衆生이 迷佛이언정 非是佛이 迷衆生이니 自性을

조사가 말씀하셨다.

"너희들은 자세히 들어라.

후대에 미혹한 사람이

만일 중생임을 알면 그것이 곧 불성이고

만일 중생임을 알지 못하면 만겁동안 부처님을 찾아도 만나기 어려우니라.

내가 이제 너희를 가르쳐서 자기 마음의 중생을 알게 하고 자기 마음의 불성을 보게 하리니 부처님을 보고자 하면 다만 중생임을 알아라.

중생이 부처를 미혹하게 한 것이지 부처가 중생을 미혹하게 한 것이 아니니

若悟하면 衆生이 是佛이오 自性을 若迷하면 佛이 是衆生이며 自性이 平等하면 衆生이 是佛이오 自性이 邪險하면 佛이 是衆生이니라
汝等이 心若險曲하면 卽佛이 在衆生中이오 一念平直하면 卽是衆生이 成佛이니 我心에 自有佛이라 自佛이 是眞佛이니 自若無佛心이면 何處에 求眞

   자성을 만일 깨달으면 중생이 곧 부처요.

   자성이 만일 어리석으면 부처가 바로 중생이니라.

   자성이 평등하면 중생이 바로 부처고 자성이 삿 되고 험하면 부처가 바로 중생이니라.

   너희들의 마음이 만일 험하고 굽으면

   곧 부처가 중생 가운데 있고 한 생각 평등하고 곧으면 곧 중생이 성불하는 것이다.

   내 마음에 스스로 부처가 있으며

자기의 부처가 참 부처이니

만일 불심이 없으면

   어느 곳에서 참 부처를 구하리요.

佛이리오 汝等의 自心이 是佛이니 更莫狐疑어다
外無一物도 而能建立이니 皆是本心이 生萬種法
이라 故로 經에 云心生하면 種種法이 生하고 心滅하면
種種法이 滅이라하시니라
吾今留一偈하야 與汝等別호리니 名自性眞佛偈라
後代之人이 識此偈意하면 自見本心하야 自成佛

너희들의 마음이 곧 부처이니
다시는 의심하지 말아라.
 밖으로는 한 물건도 세울 것이 없다.
 모두 이 본심이 만가지 법을 내는 것이다.
 그러므로 경에 이르기를
「마음이 생기면 온갖 법이 생기고 마음이 없어지면
온갖 법이 없어진다.」하셨느니라.
 내가 이제 한 게송을 남기고 너희들과 이별하리니
이름이〈자성진불게〉이니라.
 후대 사람이 이 게의 뜻을 알면 스스로 본심을 보아
서 스스로 불도를 이루리라."

道하리라 偈에 曰
도   게 왈

眞如自性이 是眞佛이요 邪見三毒이 是魔王이라
진여자성   시진불   사견삼독   시마왕

邪迷之時엔 魔在舍하고 正見之時엔 佛在堂이로다
사미지시   마재사   정견지시   불재당

性中邪見三毒生하면 卽是魔王이 來住舍요
성중사견삼독생   즉시마왕   내주사

正見自除三毒心하면 魔變成佛眞無假로다
정견자제삼독심   마변성불진무가

法身報身及化身이여 三身이 本來是一身이니
법신보신급화신   삼신   본래시일신

진여자성이 참 부처요

사견과 삼독이 마왕이다.

삿되고 어리석을 때 악마가 집에 있고

견해가 올바를 때 부처가 방에 있네.

성품 가운데 사견으로 삼독이 생겨나면

곧 마왕이 집에 와서 살고

정견으로 스스로 삼독의 마음을 없애면

마가 변하여 부처가 되며

참일 뿐 거짓이 없네.

법신과 보신과 화신이여

삼신이 본래 한 몸이니

만일 성품 가운데를 향해 능히 스스로 보면

若向性中能自見하면 卽是成佛菩提因이니라
약 향 성 중 능 자 견　　즉 시 성 불 보 리 인

本從化身生淨性이라 淨性이 常在化身中이
본 종 화 신 생 정 성　　정 성　상 재 화 신 중

性使化身行正道하면 當來에 圓滿眞無窮하리라
성 사 화 신 행 정 도　　당 래　원 만 진 무 궁

婬性이 本是淨性因이라 除婬卽是淨性身이니
음 성　본 시 정 성 인　　제 음 즉 시 정 성 신

性中에 各自離五欲하면 見性이 刹那라 卽是眞이니라
성 중　각 자 리 오 욕　　견 성　찰 나　즉 시 진

今生에 若遇頓敎門하면 忽悟自性見世尊이어니와
금 생　약 우 돈 교 문　　홀 오 자 성 견 세 존

곧 부처를 이루는 보리의 원인이니라.

본래부터 화신은 깨끗한 성품에서 나는지라.

깨끗한 성품이 항상 화신 가운데 있네

성품이 화신으로 하여금

정도를 행하게 하면

장차 원만하여 참됨이 다함이 없으리라.

음란한 성품이 본래 깨끗한 성품의 씨앗이요.

음란함을 없애면 곧 깨끗한 성품의 몸이니

성품 가운데에 각각 오욕을 떠나면

견성이 찰나이고 곧 참이니라.

금생에 만일 돈교의 문을 만나면

홀연히 자성을 깨달아 세존을 보지만

若欲修行覓作佛인댄 不知何處에 擬求眞고
약욕수행멱작불 부지하처 의구진

若能心中에 自見眞하면 有眞이 卽是成佛因이어니와
약능심중 자견진 유진 즉시성불인

不見自性外覓佛하면 起心이 總是大癡人이니라
불견자성외멱불 기심 총시대치인

頓敎法門을 今已留하니 救度世人須自修어다
돈교법문 금이류 구도세인수자수

報汝當來學道者하노니 不作此見大悠悠리라
보여당래학도자 부작차견대유유

師가 說偈已하시고 告曰汝等은 好住하라
사 설게이 고왈여등 호주

만일 수행하여 부처를 찾으려 하면
어느 곳에서 헤아려 참을 구할지 모르겠구나.
만일 마음 가운데에 스스로 참을 본다면
참이 곧 성불하는 원인이니라.
자성을 보지 못하고 밖으로 부처를 찾으면
마음을 일으킴이 다 크게 어리석은 사람이니라.
돈교법문을 이제 남겨두니
세상사람을 제도할 때 모름지기 스스로 닦게 하라.
장차 도 배우는 자에게 알렸으니
이런 소견을 짓지 아니하면 크게 유유하리라.

조사가 게송을 마치시고 말씀하셨다.

吾滅度後에 莫作世情하야 悲泣雨淚하고 受人弔問
오멸도후   막작세정   비읍우루   수인조문
하야 身著孝服이니 非吾弟子며 亦非正法이니라
     신착효복   비오제자   역비정법
但識自本心하며 見自本性하면 無動無靜하며 無生
단식자본심   견자본성   무동무정   무생
無滅하며 無去無來하며 無是無非하며 無住無往이니
무멸   무거무래   무시무비   무주무왕
恐汝等이 心迷하야 不會吾意일새 今再囑汝하야 令
공여등   심미   불회오의   금재촉여   영
汝見性케하노니 吾滅度後에 依此修行하면 如吾在
여견성   오멸도후   의차수행   여오재

"너희들은 잘 살아라. 내가 멸도한 후에 세속의 정으로 슬피 울지도 말고 사람의 조문도 받지 말고 상복도 입지 말아라. 그렇게 하면 나의 제자가 아니고 또한 정법도 아니니라.

다만 자기의 본심을 알아서 자기의 본성을 보면 움직임도 없고 고요함도 없고 태어남도 없고 멸함도 없으며 가는 것도 없고 오는 것도 없으며 옳은 것도 없고 그릇됨도 없으며 머무름도 없고 가는 것도 없느니라.

너희들의 마음이 어리석어서 나의 뜻을 알지 못할까 두려워서 지금 다시 너희에게 당부하며 너희로 하여금 견성하게 하니 내가 멸도한 후에 이를 의지하여 수행

曰이어니와 若違吾敎하면 縱吾在世라도 亦無有益이니라
復說偈曰

　　兀兀不修善하고　　騰騰不造惡이라
　　寂寂斷見聞하고　　蕩蕩心無着이로다

師가 說偈已하시고 端坐至三更하사 忽謂門人曰吾
行矣라하시고 奄然遷化하시니 于時에 異香이 滿室하고

하면 내가 있는 날과 같을 것이고 만일 나의 가르침을 어기면 비록 내가 세상에 있더라도 아무런 이익이 없으리라." 다시 게송을 읊으셨다.

　　올올히(모든 것을 초월하여 태연함) 선을 닦지 않고
　　등등히(자재 무애하여 당당함) 악도 짓지 않는지라.
　　적적하여 보고 듣는 것이 끊어지고
　　넓고 넓어 마음이 걸림이 없구나.

　조사께서 게송을 마치시고 단정히 앉아 계시다가 삼경이 되자 홀연히 문인들에게 말씀하시기를
　"나는 간다." 하시며
　조용히 돌아가시니 그때에 이상한 향기가 방안에 가

白虹이 屬地하며 林木이 變白하고 禽獸哀鳴이러라
十一月에 廣韶新三郡官僚와 洎門人僧俗이 爭迎
眞身하야 莫決所之할새 乃焚香禱曰香煙指處가 師
所歸焉이라한대 時에 香煙이 直貫曹溪어늘 十一月十
三日에 遷神龕과 倂所傳衣鉢而回하다
次年七月二十五日에 出龕하야 弟子方辯이 以香

득하였고 흰 무지개가 땅에 꽂혔으며 숲과 나무들이 하얗게 변하고 짐승들이 슬피 울었다.

11월에 광주, 소주, 신주 세 군의 관료와 문인과 승과 속이 서로 진신을 모셔가려고 다투느라 갈 곳을 결정하지 못하였다.

이에 향을 사르고 빌기를

"향의 연기가 가리키는 곳이 조사께서 돌아가실 곳입니다."하니 그때 향의 연기가 바로 조계를 향하여 곧게 뻗치므로 11월 13일에 신감(시신을 모신 관)과 함께 전해 내려오는 의발을 옮겨 돌아왔다.

다음 해 7월 25일에 신감을 꺼내어서 제자 방변이

泥로 上之하고 門人이 憶念取首之記하야 遂以鐵葉
漆布로 固護師頸하야 入塔이러니 忽於塔內에 白光
이 出現하야 直上衝天이라가 三日始散이어늘 韶州가
奏聞하야 奉勅立碑하야 紀師道行하다
師의 春秋는 七十有六이라 年이 二十四에 傳衣하고
三十九에 祝髮하시니 說法利生이 三十七載라

향을 그 위에 바르고 문인들이 머리를 취하리라는 예언을 생각하여

먼저 철판과 옷칠을 한 천으로 조사의 목을 단단히 보호하여 탑에 모셨더니 홀연히 탑 안에서 흰빛이 나와 하늘로 뻗어 올랐는데 3일만에 비로소 흩어지므로 소주자사가 조정에 아뢰었고 칙명을 받들어 비를 세워서 조사의 도행을 기록하였다.

조사의 춘추는 일흔 여섯이었다.

스물 넷에 의발을 전해 받으시고 서른 아홉에 스님이 되어 설법을 하시며 중생을 이롭게 하신 것이 삼십칠 년이었다.

得嗣法者가 四十三人이오 悟道超凡者는 莫知其
득사법자   사십삼인   오도초범자   막지기
數러라 達磨所傳信衣와 中宗의 賜磨衲寶鉢과 及
수   달마소전신의   중종   사마납보발   급
方辯의 塑師眞相과 幷道具等은 主塔侍者가 尸之
방변   소사진상   병도구등   주탑시자   시지
하야 永鎭寶林道場하고 留傳壇經하야 以顯宗旨하야
     영진보림도량   유전단경   이현종지
興隆三寶하고 普利群生者러라
홍륭삼보   보리군생자

 종지를 얻어 법을 이은 자가 마흔 세 명이고
도를 깨달아 범부를 넘어선 사람은 그 수를 알 수가 없
었다.
 달마가 전하신 믿음의 징표인 가사와 중종이 주신
마납가사와 보배발우와 방변이 새긴 조사의 진영과 그
밖의 도구들은 탑을 주관하는 시자가 맡아서 영원히
보림도량에 두게 하고 단경을 유전하여서 종지를 나타
내고 삼보를 일으켜서 널리 중생을 이롭게 하였다.

附錄
부   록

師入塔後로 至開元十年壬戌八月三日夜半에
忽聞塔中에 如拽鐵索聲하고 僧衆이 驚起하야 見하니
一孝子가 從塔中走出이어늘 尋見하니 師頸이 有
傷이라
具以賊事로 聞于州縣한대 縣令楊侃과 刺史柳無忝
이 得牒하야 切加擒捉五日이러니 於石角村에 捕得

조사께서 탑에 드신 후(722년)
개원 10년 임술 8월 3일 한 밤중이 되었을 때
갑자기 탑 속에서
쇠줄을 잡아당기는 듯한
　소리가 나므로 스님들이 놀라서 나가보니
　한 상주가 탑에서 나와 달아나므로
자세히 살펴보니 조사의 목에 상처가 있었다.
　도적이 든 사실을 고을에 자세히 알리니
현령인 양간과 자사인 유무첨이 통첩을 받고
사로잡으려고 애를 쓰더니
5일 만에 석각촌에서 도적을 잡았다.

賊人하야 送韶州하야 鞫問한대 云 姓은 張이오
名은 淨滿이니 汝州梁縣人이라
於洪州開元寺에 受新羅僧金大悲錢二十千하고
令取六祖大師首하야 歸海東供養이라하야늘 柳守가
聞狀코 未卽加刑하고 乃躬至曹溪하야 問師上足令
韜曰如何處斷고 韜가 曰若以國法으로 論인댄 理須

소주로 보내 죄를 심문하니 성은 장이고 이름은 정만인데 여주의 양현 사람이라 하였다.

   홍주의 개원사에서

신라 스님 김대비로부터 돈 2만 량을 받았고

김 대비는 육조대사의 머리를 가지고 해동으로 돌아가서 공양하려 했다 하므로 유수가 이 사실을 듣고 형의 집행을 보류하고

몸소 조계에 가서 조사의 제자 가운데 제일 뛰어난 사람인 영도에게 어떻게 처단해야 할지를 물으니

   영도가 말하기를

"만약 국법으로 논한다면 모조리 죽여야 마땅하겠지

誅夷어니와 但以佛敎는 慈悲라
주 이   단 이 불 교   자 비

寃親이 平等이온 況彼求欲供養하니 罪可恕矣라한대
원친   평등   황피구욕공양   죄가서의

柳守가 嘉歎曰始知佛門이 廣大라하고 遂赦之하다
유수   가탄왈시지불문   광대   수사지

上元元年에 肅宗이 遣使하야 就請師衣鉢하야 歸內
상원원년   숙종   견사   취청사의발   귀내

供養이러시니 至永泰元年五月五日에 代宗이 夢에
공양   지영태원년오월오일   대종   몽

六祖大師가 請衣鉢이어시늘
육조대사   청의발

만 불교는 자비로와

원수나 친한 이나 모두가 평등한데

하물며 그 사람이 공양을 하고 싶어서 한 짓이니 죄를 용서해 주십시오." 하므로,

　유수가 감탄하며

　"비로소 불문이 넓고 큰 것임을 알았습니다." 하며 풀어 주었다.

　상원 원년(760년 = 멸도한지 47년째)에 숙종이 사신을 보내어 조사의 의발을 대궐 안으로 가져와 공양하였는데 영태 원년 5월 5일 대종의 꿈에

육조대사가 나타나 의발을 청하므로 7일에 자사인 양

六祖壇經 • 299

七日에 勅刺史楊緘云 朕夢에
칠일   칙자사양함운 짐몽

感能禪師가 請傳法袈裟하야 却還曹溪라하고 今遣
감능선사 청전법가사   각환조계   금견

鎭國大將軍劉崇景하야
진국대장군류숭경

頂戴而送하사대 朕謂之國寶니 卿可於本寺에 如法
정대이송   짐위지국보   경가어본사   여법

安置하고 專令僧衆에 親承宗旨者로 嚴加守護하야
안치   전령승중   친승종지자   엄가수호

勿令遺墜하라하시다
물령유추

함에게 분부하여 이르시길

"짐의 꿈에 혜능선사가 나타나서

「법을 전하는 가사를 조계로 되돌려 주라.」

하시므로 진국대장군인 류숭경으로 하여금 받들어 보낸다.

짐이 국보로 생각하니 경이 직접 본사에 가서 법대로 잘 모시고

스님 가운데 종지를 친히 이은 자로 하여금

더욱 엄중하게 수호하게 하여 잘못되는 일이 없도록 하여라" 하셨다.

그 뒤에 가끔 사람들이 몰래 훔쳐 갔으나 모두 오래

後에 或爲人偸竊에 皆不遠而獲하니
후   혹위인투절   개불원이획

如是者가 數四러라
여시자   수사

憲宗이 諡大鑑禪師하고 塔曰元和靈照라하시니 其
헌종   시대감선사   탑왈원화영조   기

餘事蹟은 係載唐尙書王維와 刺史柳宗元과 刺史
여사적   계재당상서왕유   자사유종원   자사

劉禹錫等碑하니라 守塔沙門令韜는 錄하노라
류우석등비   수탑사문영도   녹

지 않아 찾아왔는데 이와 같은 일이 네 번이나 있었다.

 헌종(806년)이 대감선사라 시호 하시고 탑을 원화영조라 이름하였다.

 그 나머지 사적은 당나라의 상서인 왕유와 자사인 유종원과 자사인 류우석 등이 비문에 실었다.

 탑을 지키는 사문 영도가 기록하노라.

六祖大師法寶壇經 跋
육조대사법보단경 발

泰和七年十二月日㈀ 社內道人湛默㈀ 持一卷
태 화 칠 년 십 이 월 일   사 내 도 인 담 묵   지 일 권
文하야 到室中曰近得法寶記壇經이라
문   도 실 중 왈 근 득 법 보 기 단 경
將重刻之하야 以廣其傳호리니 師其跋之하소서하야늘
장 중 각 지   이 광 기 전   사 기 발 지
予가 欣然對曰此予平生㈀ 宗承修學之龜鑑也어늘
여   흔 연 대 왈 차 여 평 생   종 승 수 학 지 귀 감 야
子其彫印流行하야 以壽後世하니 甚愜老僧意로다
자 기 조 인 유 행   이 수 후 세   심 협 노 승 의
然이나 此有一段疑焉하니 南陽忠國師가 謂禪客曰
연   차 유 일 단 의 언   남 양 충 국 사   위 선 객 왈

    태화(1207년, 고려 희종) 7년 12월 어느 날 도량 안에 있던 담묵 이라는 도인이 책 한 권을 가지고 방에 들어와 말하기를

    "근래에 법보기단경을 얻었는데 장차 판각을 새겨서 널리 전하고자 하니 대사께서 발문을 좀 써주십시오." 하므로 내가 흔쾌히 대답하였다.

    "이것은 내가 평생 종(宗)으로 이어 닦으며 배우는 귀감인데 당신이 그것을 인쇄하여 두루 펴서 후세에 오래 가도록 하겠다하니 노승의 뜻에 아주 들어맞는구나. 그러나 여기에 일단의 의심이 있는 것은 남양의 혜충 국사께서 선객들에게 말씀하시기를

我此間은 身心一如하야 心外無餘라 所以로 全不
生滅이어니와 汝南方엔 身是無常이요
神性은 是常이라 所以로 半生半滅하고 半不生滅
이라하며 又曰吾比遊方에 多見此色이 近尤盛矣라
把他壇經云호대 是南方宗旨라하야 添糅鄙談하고
削除聖意하야 惑亂後徒라하시니 子今所得은 正是

「나는 요사이 몸과 마음이 한가지여서 마음 밖에는 아무 것도 없다. 그러므로 완전히 생 멸하지 않는데 너희 남방에는 몸은 무상하고 정신은 상이라 한다. 그러므로 반은 생 멸하고 반은 불생 불멸인 것이다.」하셨고 또 말씀하시길 「내가 근래 지방에 다닐 적에 이런 경향이 더욱 많아지는 것을 보았다.」하시며

   단경을 들고 하시는 말씀이

   「이것을 남방의 종지라 하며 더러운 말을 섞어 넣고 성인의 뜻을 깎아 없애므로 후배들을 혼란으로 유혹하는구나.」 하신 일이다.

   자네가 지금 얻은 것은 바르고 옳은 본문이고

本文이오 非其沾記니 可免國師의 所訶로다
본문   비기첨기   가면국사   소가

然이나 細詳本文컨대 亦有身生滅心不生滅之義하니
연   세상본문   역유신생멸심불생멸지의

如云眞如性이 自起念이오
여운진여성   자기념

非眼耳鼻舌이 能念等은 正是國師의 所訶之義라
비안이비설   능념등   정시국사   소가지의

修心者가 到此하야 不無疑念이니 如何消遣하야 令
수심자   도차   불무의념   여하소견   영

其深信하며 亦令聖敎로 流通耶아 黙이 曰然則會
기심신   역령성교   유통야   묵   왈연즉회

덧붙인 기록이 아니니 가히 국사의 꾸짖음은 면할 수 있겠다.

 그러나 자세히 본문을 살펴보니
역시 몸은 나고 죽는데,

 마음은 불생 불멸이라는 뜻이 있다 예컨대 진여의 성품이 스스로 생각을 일으키는 것이고 안·이·비·설이 생각을 일으키는 것이 아니다.

 라고 한 것 등이 바로 국사께서 꾸짖으신 뜻이다.

 마음을 닦는 자가 여기에 이르면 의심스런 생각이 없지 않을 것인데 어떻게 풀어야 깊이 믿게 하며, 성인의 가르침을 유통하게 하겠느냐?"

通之義를 可得聞乎이까
통지의 가득문호

予가 曰老僧이 曩者에 依此經心하야 翫味忘斁일새
여 왈노승 낭자 의차경심   완미망역

故得祖師의 善權之意로니 何者오 祖師가 爲懷讓
고득조사 선권지의   하자 조사 위회양

行思等하사 密傳心印外에 爲韋據等道俗千餘人
행사등   밀전심인외   위위거등도속천여인

하사 說無相心地戒하실새 故로 不可以一往談眞而
    설무상심지계   고   불가이일왕담진이

逆俗이오 又不可一往順俗而違眞이라
역속   우불가일왕순속이위진

담묵이

"그러면 그 적절한 뜻을 들려주십시오." 하므로

내가 말하였다.

"노승이 지난번에 이 경을 마음에 두고 그 참뜻을 잘 생각하여 저버리지 않았다. 그래서 조사의 뛰어난 방편의 뜻을 얻었는데, 그것이 무엇인가 하면 조사께서 회양과 행사등을 위해서 가만히 마음으로 법을 전하신 외에 위거등의 도, 속 천 여인을 위해서는 상(相)이 없는 마음의 계를 설명해 주셨던 것이다. 그것은 오로지 참된 말씀만 하시어 속인들을 거스릴 수 없었고 또 오로지 세속만 따라 주어서 참된 것을 어길 수 없으

故로 半隨他意하고 半稱自證하사 說眞如는 起念이오
非眼耳能念等語하사 要令道俗等으로 先須返觀
身中見聞之性하야 了達眞如然後에 方見祖師의
身心一如之密意耳니 若無如是善權하고 直說身
心一如則 緣目觀身有生滅故로 出家修道者도
尙生疑惑이온 況千人俗士가 如何信受리오

셨기 때문이었다.

　그래서 반은 남의 뜻을 따르고 반은 자기가 증득하신 것을 말씀하시기 위해 진여가 생각을 일으키고 눈이나 귀는 생각하지 못한다는 등의 말씀을 하신 것이다. 중요한 것은 도, 속 등으로 하여금 먼저 몸 속의 보고 듣는 성품을 돌이켜 보게 하여 진여를 깨닫게 한 뒤에 바야흐로 조사의 몸과 마음이 하나인 비밀한 뜻을 보게 하신 것이다. 만약 이와 같이 뛰어난 방편이 없이 바로 몸과 마음이 하나인 진리만 말씀했다면 눈으로 생, 멸이 있는 몸만 보는 중생들이기 때문에 출가 수도하는 자들도 오히려 의심할 것인데 천 명이나 되

是乃祖師의 隨機誘引之說也어시늘 忠國師가 訶破
시내조사　수기유인지설야　　　　충국사　가파
南方佛法之病하시니 可謂再整頹綱하야 扶現聖意
남방불법지병　　　가위재정퇴강　　　부현성의
하야 堪報不報之恩이로다
　　감보불보지은
我等雲孫이 旣未親承密傳인댄 當依如此顯傳門
아등운손　기미친승밀전　　　당의여차현전문
誠實之語하야 返照自心이 本來是佛하야 不落斷常
성실지어　　 반조자심　 본래시불　　　불락단상
이면 可爲離過矣어니와 若觀心不生滅하고 而見身有
　　가위이과의　　　　약관심불생멸　　　이견신유

는 세속의 선비들이 어떻게 믿고 받아 들였겠는가. 이것이 조사께서 중생의 기틀을 따라 달래며 이끄신 말씀이시다.

혜충국사께서 남방 불법의 병을 꾸짖어 파하시고 가히 무너진 기강을 다시 정돈함으로써 성인의 뜻이 나타남을 도우시는 것은 갚기 어려운 은혜를 갚는 것이로다. 후손인 우리들이 그 비밀히 전하신 뜻을 직접 이어 받지 못하였으므로 마땅히 이와 같이 들어내는 문(현전문)의 성실한 말씀에 의지해서 자기의 마음이 본래 부처임을 도리어 비추어 보고 없다는 생각이나 항상 하다는 생각에 떨어지지 않으면 가히 허물을 여읜

生滅인댄 則於一法上에 而生二見이니 非性相融會
者也라 是知依此一卷靈文하야 得意參詳則不歷
僧祗하고 速證菩提하리니 可不彫印流行하야 作大
利益耶아 默이 曰唯唯라하야늘 於是乎書하노라

것이리라. 그러나 만일 마음은 생·멸하지 않는다고 관하고 몸은 생·멸한다고 관하면 곧 한 법 위에 두 가지 소견을 낸 것이니 성품과 모양을 자세히 이해 한 것이 아니니라. 이러므로 알아라.

이 한 권의 신령스런 글에 의지하여 그 뜻을 얻어 자세히 참구하면 오랜 세월이 걸릴 것 없이 빨리 보리를 증득 할 것이니 판을 새겨 인쇄하고 유행시킴으로 큰 이익이 있지 않겠느냐"하니

담묵이 "그러합니다. 옳은 말씀입니다."하기에

이에 글을 쓰노라.

六祖大師法寶壇經 贊
육 조 대 사 법 보 단 경　찬

宋　明教大師　契　嵩　撰
송　명교대사　계　숭　찬

贊者_는 告也_니 發經而溥告也_라 壇經者_는 至人之
所以宣其心也_니 何心耶_아 佛所傳之妙心也_라
大哉_라 心乎_여 資始變化而淸淨常若_{하야} 凡然聖
然_{하며} 幽然顯然_{하야} 無所處而不自得之_{하나니} 聖
言乎明_{이오} 凡言乎昧_니 昧也者_는 變也_요 明也者
_는 復也_니 變復_이 雖殊_나 而妙心_은 一也_라 始_에 釋

찬은 고한다는 것으로 경을 펴서 널리 알린다는 것이다. 단경이란 지극한 어른(육조)께서 마음을 펴신 것인데 어떤 마음인가 하면 부처님께서 전하신 묘한 마음이다.

크도다, 마음이여, 창조하고 변화하지만 청정하여 항상 같으니, 범부도 그러하고 성인도 그러하며 어둠에도 그러하고 밝음에도 그러하여 어디에 있으나 얻지 못함이 없느니라.

성인은 밝다 하고 범부는 어둡다 말하며 어두운 것은 변하고 밝은 것은 회복이니 변하고 회복함은 비록 다르지만 묘한 마음은 하나이다.

迦文佛이 以是而傳之大龜氏하시고 大龜氏가 相傳
가문불　이시이전지대구씨　　　대구씨　상전
之三十三世者하야 傳諸大鑑하시고 大鑑이 傳之而
지삼십삼세자　　전제대감　　　대감　전지이
益傳也하시니 說之者가 抑亦多端이나 固有名同而
익전야　　설지자　억역다단　　고유명동이
實異者也요 固有義多而心一者也라 曰血肉心
실이자야　고유의다이심일자야　　왈혈육심
者와 曰緣慮心者와 曰集起心者와 曰堅實心者는
자　왈연려심자　왈집기심자　왈견실심자
若心所之心이 益多也니 是所謂名同而實異者
약심소지심　익다야　시소위명동이실이자

　처음에 석가모니 부처님이 이것을 가섭존자인 대구 씨에게 전하시고 대구씨가 전하여 33 대까지 하여 육조대사에게 전해졌으며

육조대사께서 다시 전하시니 설법을 한 이가 매우 많을 것이다 이름은 같으나 내용은 다른 것이 있고 그 뜻이 많지만 마음은 하나인 것이다.

　오관 신경과 같은 혈육심과 생각하는 연여심과 집기심(잠재의식)과 생각의 주체이며 진아인 견실심은 다 마음에서 일어난 일체의 객관인 심소의 마음이 더욱 많은 것 같으니,

　이것은 다 이름은 같지만 실상은 다른 것이며,

也오 曰眞如心者와 曰生滅心者와 曰煩惱心者와
曰菩提心者는 諸修多羅에 其類此者가 殆不可勝
數니 是所謂義多而心一者也라
義有覺義하고 有不覺義하며 心有眞心하고 有妄心
하니 皆所以別其正心也라
方壇經之所謂心者는 亦義之覺義며 心之實心

진여 심, 생멸 심, 번뇌 심, 보리 심 등이 경에 수없이 많이 나오는데 이것은 이른바 겉 뜻이 많지만 마음은 하나인 것이다.

뜻은 깨달은 뜻이 있고 깨닫지 못한 뜻이 있으며 마음에 참 마음이 있고 망령된 마음이 있으나 다 바른 마음을 분별한 것이다.

단경에서 말하는 마음은 그 뜻이 깨달은 뜻이며 견실한 마음이다.

옛 성인께서 장차 숨으심에 가섭에게 명하시어 교

也니 昔者聖人之將隱也에 乃命乎龜氏하사 敎外
야   석자성인지장은야   내명호구씨   교외
以傳法之要하시니 意其人이 滯迹而忘返일새 固欲
이전법지요   의기인   체적이망반   고욕
後世者로 提本而正末也라
후세자   제본이정말야
故로 涅槃에 曰我有無上正法을 悉已付囑摩訶迦
고   열반   왈아유무상정법   실이부촉마하가
葉矣라하시니라
섭의
天之道는 存乎易하고 地之道는 存乎簡하고 聖人之
천지도   존호역   지지도   존호간   성인지

밖에 따로 법의 요긴함을 전하신 것은

사람들이 혹시 현상계의 자취에 걸리어 본 마음으로

돌아가는 것을 잊을까하여

후세 사람으로 하여금 근본을 이끌어 지엽말단을 바로

잡게 하려 하신 것이었다.

   그러므로 열반경에

〈나에게 위없는 정법이 있는데 마하가섭에게 이미 부

촉했노라.〉하신 것이다.

   하늘의 도는 바뀌는데 있고 땅의 도는 간결한데 있

고 성인의 도는 요긴한데 있으니 요긴이라 함은 지극

히 묘함을 일컫는다.

道는 存乎要니 要也者는 至妙之謂也라
聖人之道가 以要則爲法界之樞機며 爲無量義
之所會며 爲大乘之椎輪이니 法華에 豈不曰當知
是妙法은 諸佛之秘要며 華嚴에 豈不曰以少方便
으로 疾得菩提아 要乎여 其於聖人之道에 利而大
矣哉니 是故로 壇經之宗은 尊其心要也라

   성인의 도가 요긴하여 법계의 추기가 되고 무량한 이치의 모임이 되며
대승의 시작이 되므로 법화경에
〈마땅히 알라 이 묘법은 제불의 비밀한 요지이니라.〉
하셨으며
화엄경에
〈작은 방편으로써 속히 보리를 얻는다.〉
하시지 않았겠느냐?
   요긴함이여, 성인의 도에 이롭고 크도다.
   그러므로 단경의 종지는 그 마음의 요긴함을 높인 것이니라.

心乎여 若明若冥하며 若空若靈하며 若寂若惺이니
심호 약명약명   약공약령   약적약성
有物乎아 無物乎아 謂之一物인댄 固彌於萬物이오
유물호 무물호 위지일물   고미어만물
謂之萬物인댄 固統於一物이니 一物이 猶萬物也요
위지만물   고통어일물   일물 유만물야
萬物이 猶一物也라
만물 유일물야
此謂可思議也여니와 及其不可思也하며 不可議也
차위가사의야   급기불가사야   불가의야
하야는 天下가 謂之玄解며 謂之神會며 謂之絶待며
천 하 위지현해 위지신회 위지절대

마음이여 밝은 것 같고 어두운 것 같으며
빈 것 같고 신령한 것 같으며
고요한 것 같고 깨어 있는 것 같으니 어떤 물건이 있는 것이냐? 없는 것이냐?

한 물건이라면 진실로 만물에 가득하고 만물이라면 한 물건에 통일될 것이니, 한 물건이 만물과 같고 만물이 한 물건과 같은지라.

이는 가히 생각하고 의논한다 하겠지만 생각할 수 없고 의논할 수 없는 것이다.

천하를 깊이 안 것이며 신기롭게 안 것이며, 상대가 끊어진 것이며

謂之默體며 謂之冥通一이니 皆離之遺之하야 遺之
又遺이니 亦烏能至之微리오 其果然獨得與인저 夫
至人之相似者는 孰能諒乎아 推而廣之則無往
不可也요 探而裁之則無所不當也요
施於證性則所見이 至親이오 施於修心則所詣 至
正이오 施於崇德辯惑則眞妄이 易顯이오 施於出世

 잠잠히 체득했다하며 가만히 하나에 통했다 하니 다 여의고 보내며, 보내고 또 보냄이니 어찌 미묘한 것뿐이겠느냐?

 과연 홀로 얻음이로다.

 무릇 육조의 서로 같은 경계를 누가 능히 헤아리랴?

 넓게 미루어 보면 가는데 마다 옳지 않음이 없고 탐구하여 헤아려보면 마땅하지 않은 바가 없으며 성품을 증득하는데 쓰면 보는 바가 지극히 친하고 마음을 닦는데 쓰면 나아감이 지극히 바르고

 덕을 높이고 미혹함을 가리는데 쓰면 참과 거짓이 잘 나타나고 세상을 뛰어나는데 쓰면 불도를 빨리 이루고

則佛道가 速成이오,
즉불도 속성

施於救世則塵勞가 易歇이나 此는 壇經之宗이 所
시어구세즉진노 역헐 차 단경지종 소

以旁行天下而不厭이라
이방행천하이불염

彼謂卽心卽佛이 淺者는 何其不知量也오 以折錐
피위즉심즉불 천자 하기부지량야 이절추

探地而淺地며 以屋漏窺天而小天이니 豈天地之
탐지이천지 이옥루규천이소천 기천지지

然耶아 然이나 百家者는 雖苟勝之나 弗如也오 而
연야 연 백가자 수구승지 불여야 이

세간을 구하는데 쓰면 번뇌가 쉽게 사라지리라.

　이것이 단경의 종지가 천하에 유행하되 싫어하지 않음이로다.

　마음이 곧 부처다라고 하신 말씀을 소견이 얕은 사람이 어떻게 그 뜻을 헤아려 알 수 있겠느냐?

　부러진 송곳으로 땅속을 찔러보고 땅을 얇게 여기는 것과 새는 지붕 틈으로 하늘을 엿보아 하늘을 작게 여김과 같은데 어찌 하늘과 땅이 그러한 것이겠느냐?

　그러나 많은 학자들이 비록 뛰어났지만 이 이치를 알지 못하는데

至人은 通而貫之하야 合乎群經을 斷可見矣로다
지인 통이관지 합호군경 단가견의
至人이 變而通之에 非預名字면 不可測也니 故로
지인 변이통지 비예명자 불가측야 고
其顯說之에 有倫有義하며 密說之에 無首無尾하야
기현설지 유륜유의 밀설지 무수무미
天機利者 得其深하고 天機鈍者는 得其淺이니 可가
천기리자 득기심 천기둔자 득기천
擬乎아 可議乎아 不得己況之則圓頓敎也며 最上
의호 가의호 부득기황지즉원돈교야 최상
乘也며 如來之淸淨禪也며 菩薩藏之正宗也니 論
승야 여래지청정선야 보살장지정종야 논

지극한 이는 통달하고 꿰어 뚫어서 단경의 종지가 뭇 경에 합해 있음을 결단코 보는도다.

지극한 이가 변하고 통함에는 이름과 글자로 통하는 것이 아니지만 드러내어 설하심에는 차례가 있고 이치가 있으며 은밀히 설하실 적엔 가히 측량하지 못하여 머리도 없고 꼬리도 없어서 타고난 근기가 날카로운 자는 그 깊음을 얻고, 타고난 근기가 둔한 자는 얕은 이치를 얻는 것이니 가히 헤아릴 수 있겠으며 의논할 수 있겠느냐?

부득이 비유하면 원돈교며 최상승이며 여래의 청정선이며 보살장의 바른 종지다.

六祖壇經 • 323

者가 謂之玄學이 不亦詳乎며 天下가 謂之宗門이
자 위지현학 부역상호 천하 위지종문

不亦宜乎아 壇經에 曰定慧爲本者는 趣道之始也
부역의호 단경 왈정혜위본자 취도지시야

니 定也者는 靜也오 慧也者는 明也니 明以觀之하고
정야자 정야 혜야자 명야 명이관지

靜以安之하나니 安其心에 可以體心也오 觀其道에
정이안지 안기심 가이체심야 관기도

可以語道也니라
가이어도야

一行三昧者는 法界一相之謂也니 謂萬善이 雖
일행삼매자 법계일상지위야 위만선 수

논하는 자들이 현학이라 하는 것은
자세하지 않으니 천하가 다 종문이라 하는 것이 역시
마땅하지 않겠느냐? 단경에 말씀하시기를

〈정과 혜로 근본을 삼는다는 것은 도에 나아가는 처음을 가르치는 것이고, 정이란 고요함이요, 혜는 밝음이니, 밝음으로써 관하고 고요함으로써 편안케 하는 것이니 그 마음을 편안히 하므로 가히 마음을 체득하고 도를 관 하므로 가히 도를 말하느니라.

일행삼매란 법계가 한 모습임을 말한다.

만가지 선이 비록 다 다르지만 한 행위에 모두 바르게 됨을 말한다.

殊나 皆正於一行者也라 無相爲體者는 尊大戒也
요 無念爲宗者는 尊大定也요 無住爲本者는 尊大
慧也니 夫戒定慧者는 三乘之達道也요 夫妙心者
는 戒定慧之大資也니 以一妙心而乎統乎三法 일새
故로 曰大也니 無相戒者는 戒其必正覺也라
四弘願者는 願度度苦也며 願斷斷集也며 願學學

   무상으로 체를 삼는다 함은 큰 계를 높이는 말이고, 무념으로 종을 삼는다 함은 큰 정을 높임이며, 무주로 근본을 삼는다 함은 큰 지혜를 높인 것이다.

   무릇 계·정·혜는 삼승을 통달하는 도며 무릇 묘한 마음은 계·정·혜의 큰 밑천이다.

   하나의 묘한 마음으로 세가지법을 통합하는 것이므로 크다고 한 것이다.

   무상계는 반드시 바르게 깨닫는 것을 뜻하고
사홍서원이란 괴로움 제도하는 것을
제도하기 원하는 것이고 번뇌를 끊는 것을 끊기 원하는 것이며 도 배우는 것을 배우기 원하는 것이고 적멸

道也며 願成成寂滅也니 滅無所滅故로 無所不斷
也요 道無所道故 無所不度也라 無相懺者는 懺
非所懺也라
三歸戒者는 歸其一也니 一也者는 三寶之所以出
也라 說摩訶般若者는 謂其心之至中也니 般若也
者는 聖人之方便也요 成人之大智也라

을 이루기를 이루기 원하는 것이니

멸하되 멸하는 바가 없으므로

끊지 못하는 바가 없고

도이지만 도라 할 것이 없으므로 제도하지 못하는 바가 없는 것이다.

  무상참회라 함은 참회하지만 참회가 아니며 삼귀계라 함은 하나에 돌아가는 것이며 하나는 삼보를 내는 것이니라.

  마하 반야를 설한다 함은
마음의 지극한 중도를 일컬음이니 반야는 성인의 방편이고 성인의 큰 지혜니라.

固能寂之明之하고 權之實之니 天下가 以其寂이면
고능적지명지 권지실지 천하 이기적

可以泯衆惡也면 天下가 以其明이면 可以集衆善
가이민중악야 천하 이기명 가이집중선

也며 天下가 以其權이면 可以大有爲也며 天下가
야 천하 이기권 가이대유위야 천하

以其實이면 可以大無爲也니 至矣哉다
이기실 가이대무위야 지의재

般若也여 聖人之道가 非夫般若면 不明也며 不成
반야야 성인지도 비부반야 불명야 불성

也요 天下之務가 非夫般若면 不宜也며 不當也니
야 천하지무 비부반야 불의야 부당야

   매우 고요하고 밝으며 권도이고 실다움이니 천하가 고요하면 그 고요함으로 뭇 악을 없애고 천하가 밝으면 밝음으로 가히 뭇 선을 모으며

천하가 권하면 그 권으로써 크게 위함이 있으며 천하가 실다우면 그 실다움으로써 가히 크게 위함이 없느니라.

   지극하도다. 반야여

   성인의 도는 반야가 아니면 밝지 못하며 이루지 못하는 도다.

   천하의 힘씀이여 무릇 반야가 아니면 마땅하지 못하며 온당하지 못하리니 지극한 이의 하는 바는 반야로

至人之爲는 以般若振이 不亦遠乎아 我法은 爲上
지인지위   이반야진   불역원호   아법 위상
上根人說者는 宜之也니 輕物重用則不勝이오 大
상근인설자 의지야   경물중용즉불승   대
方小授則過也라
방소수즉과야
從來默傳分付者는 密說之謂也니 密也者는 非不
종래묵전분부자   밀설지위야   밀야자   비불
言而闇證也요 眞而密之也라 不解此法而輒謗
언이암증야   진이밀지야   불해차법이첩방
毁하면 謂百劫千生에 斷佛種性者는 防天下亡其
훼   위백겁천생   단불종성자   방천하망기

써 떨침이 심원하지 않겠는가?

 나의 법은 상상 근의 사람을 위하여 설한 것이다 라고 하신 것은 마땅한 말씀이니 가벼운 물건을 무겁게 쓰면 이겨내지 못하고 큰 도를 작은 이에게 주면 깨뜨리느니라. 종래에 묵묵히 전하여 분부한다 하신 것은 은밀히 설함을 가리키는 말씀인데 은밀하다는 것은 말 없이 가만히 증득하는 것이 아니라.

 참답게 은밀함을 뜻한다.

 이 법을 알지 못하고 비방하고 헐뜯으면 백 겁 천생에 부처의 종자인 성품을 끊는다 라고 하신 것은 천하가 그 마음을 잃을까 막으신 것이리라.

心也라 偉乎라 壇經之作也여 其本이 正하고 其迹이 效하며 其因이 眞하고 其果가 不謬니 前聖也後聖也가 如此起之하고 如此示之하고 如此復之니 浩然沛乎여 若大川之注也며 若虛空之通也며 若日月之明也며 若形影之無碍也며 若鴻漸之有序也라 妙而得之之謂本이오

위대하시다.

단경을 지으심이여

그 근본이 바르고 그 자취가 본받았으며

그 원인이 참되고 그 결과가 어긋나지 않음이니 앞 성인과 뒷 성인이 이와 같이 일어나고 이와 같이 보이고 이와 같이 회복하심이니 그 호연하고 넉넉함이 큰 강의 흐름과 같고

허공의 트임과 같으며 해와 달의 밝음과 같으며 형체와 그림자가 서로 걸림이 없는 것과 같으며 기러기 떼의 질서 와 같도다.

묘하게 얻는 것을 근본이라 하고

推而用之之謂迹이며 以其非始者로 始之之謂因
추 이 용 지 지 위 적   이 기 비 시 자   시 지 지 위 인
이오 以其非成者로 成之之謂果니 果不異乎因을
     이 기 비 성 자   성 지 지 위 과   과 불 이 호 인
謂之正果也요 因不異乎果를 謂之正因也며 迹必
위 지 정 과 야 인 불 이 호 과   위 지 정 인 야   적 필
顧乎本을 謂之大用也요 本必顧乎迹을 謂之大乘
고 호 본   위 지 대 용 야   본 필 고 호 적   위 지 대 승
也니 乘也者는 聖人之喩道也요 用也者는 聖人之
야   승 야 자   성 인 지 유 도 야   용 야 자   성 인 지
起教也라
기 교 야

　잘 맞도록 미루어 쓰는 것을 자취라 하며 비롯함이 아닌 것으로 비롯함을 일으키는 것을 인이라 하며 이룸 아닌 것으로 이루는 것을 과라 하며 과가 인과 다르지 않음을 바른 과라 하며

인이 과와 다르지 아니함을 바른 인이라 하며 자취가 반드시 근본을 돌아봄을 큰 용이라 하고 근본이 자취를 반드시 돌아봄을 대승이라 한다.

　승이란 성인의 도를 비유한 말이고 용이란 성인의 가르침을 일으킴을 일컫느니라.

　무릇 성인의 도는 마음보다 더 지극한 것이 없고 성인의 가르침은 닦는 것보다 더 지극한 것이 없고 정신

夫聖人之道가 莫至乎心이오 聖人之敎가 莫至乎
修요 調神入道 莫至乎一相 止觀이오 軌善成德이
莫至乎一行三昧요 資一切戒가 莫至乎無相이오
正一切定이 莫至乎無念이오 通一切智가 莫至乎
無住요 生善滅惡이 莫至乎無相戒요 篤道推德이
莫至乎四弘願이오 善觀過과 莫至乎無相懺이오

을 길들여서 도에 들어가는 것은 일상지관 이보다 더 지극한 것이 없고 선을 본받아 덕을 이루는데는 일행삼매보다 더 지극한 것이 없으며 일체 계를 재산으로 하는데는 무상보다 더 지극한 것이 없으며 일체의 정을 올바르게 하는데는 무념보다 더 지극함이 없으며 일체의 지혜를 통하는데는 머무르지 않음보다 더 지극한 것이 없느니라.

선을 내고 악을 멸하는데는 무상계보다 더 지극함이 없고 도를 돈독히 하고 덕을 추구하는데는 사홍서원보다 더 지극함이 없고 허물을 잘 관 하는데는 무상의 참회보다 더 지극한 것이 없고 바로 나아감에는 삼귀계

正所趣가 莫至乎三歸戒요 正大體裁大用이 莫至
乎大般若요 發大信務大道가 莫至乎大志요 天下
之窮理盡性이 莫至乎默傳이오 欲心無過가 莫善
乎不謗이니 定慧爲始는 道之基也요
一行三昧는 德之端也요 無念之宗은 解脫之謂也
오 無住之本은 般若之謂也요 無相之體는 法身之

보다 더 지극한 것이 없으며 큰 체를 바르게 하고 큰 작용을 마름질함에 있어서는 큰 반야보다 더 지극함이 없고 큰 믿음을 일으켜

큰 도를 힘쓰는데는 큰 의지보다 더 지극함이 없으며 천하의 이치를 추구하여 성품을 다 하는데는 묵묵히 전하는 것보다 더 지극한 것이 없으며 마음에 허물이 없고자 하는데는 비방하지 않는 것보다 더 좋은 것이 없느니라.

   정과 혜로 시작을 삼는 것이 도의 기초이고 일행삼매가 덕의 단서며 무념의 종지가 해탈을 일컬음이며 무주의 근본이 곧 반야이며 무상의 체는 법신이고 무

謂也요 無相戒는 戒之最也요 四弘願은 願之極也
요 無相懺은 懺之至也요 三歸戒는 眞所歸也요 摩
訶智慧는 聖凡之大範也요 爲上上根人說은 直說
也요 默傳은 傳之至也요 戒謗은 戒之當也라
夫妙心者는 非修所成也며 非證所明也니 本成也
며 本明也라 以迷明者 復明은 所以證也요 以背成

상계가 계의 으뜸이며 사홍서원이 원력의 지극함이고
무상참회가 참회의 지극함이고
삼귀계가 참으로 돌아갈 곳이며 마하 지혜가 성인과 범부의 큰 규범이며
상상근의 사람을 위하여 설하심이 바로 설함이요,
묵묵히 전함이 전함에 있어 지극함이요,
비방을 경계함이 계의 마땅함이니라.

무릇 묘한 마음이란 닦아서 이루는 것이 아니며 깨달아서 밝히는 것이 아니라 본래 이룬 것이며 본래 밝은 것이니라 본래 밝은 것을 미혹한 자가 다시 밝히는 것을 깨달음이라 하고 이룸을 저버린 자가

者가 復成은 所以修也니 以非修而修之일세 故로
曰正修也요 以非明而明之일새 故로 曰正證也라
至人은 暗然乃見其威儀而成德爲行이 藹如也요
至人은 頹然若無所持而道顯於天下也니 盖以正
修而修之也요 以正證而證之也 於此 乃曰罔修
罔證이며 罔因罔果라하야 穿鑿叢脞하야 競爲其說하야

다시 이루는 것을 닦는 것이라 하니 닦는 것 아님으로써 닦는 것을 바른 닦음이라 하고 밝히는 것 아닌 것으로 밝힘을 바른 깨달음이라 한다.

  지극한 이는 가만히 그 위의를 보고서 덕을 이루고 행을 실천함이 무성하며 없는 듯하며 지니는 바가 없지만 도가 천하에 나타나니
바로 닦음으로 닦은 때문이고
바른 깨달음으로 깨달았기 때문인데
닦음도 없고 깨달음도 없으며 인도 없고 과도 없다 하면서 꼬치꼬치 따지고 파헤치며 다투어 그 말을 내세우니 지극한 이의 뜻을 어긋나게 하는구나.

繆乎至人之意焉하나니 噫라 放戒定慧而必趣乎
류호지인지의언   희   방계정혜이필추호
混茫之空則吾未如之何也로다 甚乎라
혼망지공즉오미여지하야   심호
含識이 溺心而浮識하야 識與業이 相乘하야 循諸嚮
함식   익심이부식   식여업   상승   순제향
而未始息也하야 象之形之에 人與物이 偕生하야 紛
이미시식야   상지형지   인여물   해생   분
然乎天地之間하나니 可勝數耶아 得其形於人者가
연호천지지간   가승수야   득기형어인자
固萬萬之一耳이요
고만만지일이

슬프다.

계·정·혜를 버리고

꼭 혼망한 공에 나아가 빠진다면 나도 어찌할 수 없구나. 심하다.

함식이 마음을 빠뜨리고

식이 들뜸으로 식과 업이 서로 타고 일어나 메아리치듯 쉬지 않는구나.

형상을 드러냄에 사람과 만물이 다투어 생겨서

천지 사이에 소란하니

그 수를 이루 다 헤아릴 수 있겠는가?

인간의 형상을 얻은 자는 억의 하나고 사람으로 깨달

人而能覺은 幾其鮮矣니 聖人이 懷此하야 雖以多
意로 發之而天下가 猶有所不明者也요
聖人이 救此하야 雖以多方으로 治之而天下가 猶
有所不惺者也라
賢者는 以智亂하고 不肖者는 以愚壅하고 平平之人은
以無記惛하야 乃其感物而發에 喜之怒之하고 哀之

기는 더욱 드무니 성인이 이를 생각하여 비록 많은 뜻을 내셨지만

천하가 오히려 밝지 못함이 있고 성인이 이를 구원하여 많은 방편으로 대치하지만 오히려 깨닫지 못하는 바가 있다.

   그러므로 현명하다고 하는 자는 지혜로써 어지럽고 둔한 자는 어리석음으로 막히며 보통 사람은 혼미해서 어둡게 되느니라.

   그리하여 사물에 부딪혀 감동을 받고 정서를 일으킴으로써 기뻐하고 노여워하고 슬퍼하고 즐거워하여 만단으로 더욱 가리워 지니 마치 어둡고

樂之락지하야 益蔽者萬端익폐자만단에 曖然若夜行而不知所至애연약야행이부지소지하며 其承於聖人之言則計之搏之기승어성인지언즉계지보지하야 若蒙露而望약몽무이망
遠원하야 謂有也위유야와 謂無也위무야와 謂非有也위비유야와 謂非無也위비무야
와 謂亦有也위역유야와 謂亦無也위역무야에 以不見而却蔽이불견이각폐하야 固고
終身而不得其審焉종신이부득기심언하나니 海所以在水也해소이재수야어늘 魚龍어룡
死生사생이 在海而不見乎水재해이불견호수하며 道所以在心也도소이재심야어늘 其기

깜깜한 밤길을 가며 어디로 가는 지를 모르는 것과 같구나. 또한 성인의 가르침을 따르는 경우에도 계교를 널리 하여 안개를 무릅쓰고 먼데를 바라보는 것과 같으니 있다거나, 없다거나, 있는 것도

아니라거나, 없는 것도 아니라거나, 또한 있기도 하다거나, 없기도 하다거나, 하는 등의 말의 뜻을 알지 못하고, 도리어 이에 가리어져서 몸이 다하도록 살피지 못하는구나.

그것은 마치 바다 가 물로 이루어진 것인데
고기와 용이 그 생사가 바다에 매여있지만
물의 덕을 모르는 것과 같이 도가 마음에 있는 것인데

人이 終日說道而不見乎心하나니 悲夫라 心固微妙
幽遠하야 難明難湊가 其如此也矣로다
聖人이 旣隱에 天下百世에 雖以書傳而莫得其明
驗일새 故로 壇經之宗은 擧乃直示其心而天下가
方知卽正乎性命니 若排雲霧而頓見太淸이며 若
登泰山而所視가 廓如也라

사람들이 종일토록 도를 말하면서 마음을 보지 못하니 슬프다.

　마음이 진실로 미묘하고 그윽하고 멀어서 밝히기 어렵고 나아가기 어려움이 이와 같도다.

　성인이 가시면서 천하 백세에
이를 글로써 전하지만
밝은 증험을 할 수 없으므로
이에 단경의 종지가 바로 그 마음을 보이니 천하가 바야흐로 그 성품의 도를 바르게 하므로 구름과 안개가 없는 맑고 밝은 하늘을 보는 것 같으며 태산에 올라 앞이 탁 트이는 것 같구나.

王氏가 以方乎世書曰齊一變이면 至於魯하고 魯一
變이면 至於道라하니 斯言이 近之矣라
涅槃에 曰始從鹿野苑으로 終至跋提河히 中間五
十年에 未曾說一字者는 示法非文字也니 防以文
字而求其所謂也나 曰依法不依人者는 以法眞
而人假也요 曰依義不依語者는 以義實而語假

　왕씨가 속세의 글로써 〈제나라가 한 번 변하여 노나라에 이르고 노나라가 변하여 도에 이른다.〉했는데 이 말이 가까운 점이 있다. 열반경에 이르시기를

　〈처음 녹야원으로부터 마지막 발제하에 이르도록 오십 년 동안 한 글자도 말씀한 것이 없다.〉하심은

　법은 문자가 아님을 보이신 것이니 문자로써 구함을 막으신 것이다.

　또 〈법을 의지하고 사람을 의지하지 말라.〉하심은 법은 참이고 사람은 거짓이기 때문이고

　〈뜻을 의지하고 말을 의지하지 말라.〉하심은 뜻은 사실이지만 말은 거짓인 때문이며

也요 曰依智而不依識者는 以智至而識妄也요
曰依了義經不依不了義經者는 以了義經는 盡
理요 而菩薩所謂卽是宣說大涅槃者는 謂自說이
與經同也라
聖人所謂四人이 出世하야 護持正法이 應當證知
者를 應當證知라 故로 至人은 推本以正其末也요

〈지혜에 의지하고 알음알이에 의지하지 말라.〉함은
　　지혜는 지극하고 알음알이는 허망하기 때문이며
　또 〈대승실교인 요의경에 의지하고, 소승교나 구경
의 대승교가 아닌 불 요의경을 의지하지 말라.〉하신
것은 요의경이 이치가 다하기 때문이며
　〈보살이 대열반경을 말씀했다.〉함은 당신의 말씀한
바가 경과 더불어 같음을 뜻한 것이로다.
　성인이 네 가지 법을 의지하여 출세함으로 정법을
보호하고 유지하시니 마땅히 깨달아 아실 것을 깨달아
아시느니라.
　그러므로 지극한 이는 근본을 미루어 그 끝을 바르

自說이 與經同이라 故로 至人說經이 如經也요 依
義依了義經이라
故로 至人은 顯說而合義也며 合經也요 依法依智라
故로 至人은 密說호대 變之通之而不苟滯也요 示
法非文字라
故로 至人之宗은 尙乎默傳也니 聖人은 如春하야

  게 하시고 스스로 하신 말씀이 경과 같으므로 지극한 이가 경을 말씀하신 것은 경과 더불어 같으며 뜻을 의지하고 요의경을 의지하신 것이다.

  그러므로 지극한 이가 드러내어 말씀하신 것은 뜻에 합하고 경에 맞으니 법에 의지하고 지혜에 의지하신 것이다.

  그러므로 지극한 이가 엄밀히 말씀하신 것은 변하고 통하여 구차하게 걸리지 않으며 법이 문자가 아님을 보이신 것이다. 그러므로 지극한 종지는 오히려 묵묵하게 전하신 것이다.

  성인은 봄과 같아서 화창하게 일으키시고 지극한 이

陶陶而發之也요 至人은 如秋하야 濯濯而成之也며
聖人은 命之而至人은 效之也라
至人은 固聖人之門之奇니 德殊勳大也라 夫至人
者는 始起於微하야 自謂不識世俗文字라가 及其成
至也하야는 方一度之說而顯道救世하야 與乎大聖
人之云爲者로 若合符契也니 固其玄德上智가 生

는 가을과 같아서 견실하게 이루시며 성인이 명하시고 지극한 이가 본받으시는 도다.

　지극한 이는 진실로 성인의 문에 기특함이니 덕이 뛰어나고 공이 크심이로다.

　지극한 이는 처음에 작은 데서 시작하여 스스로 세속의 문자를 알지 못한다고 하시다가 지극함을 이루고 바야흐로 설법하실 적엔 도를 드러내어 세상을 구하시는데 큰 성인이신 부처님께서 말씀하신 것과 꼭 들어맞는 것과 같다.

　진실로 그윽한 덕과 높은 지혜는 태어나면서 아신 것이지만 그 법을 표현하기 위해 알지 못하는 것으로

而知之로대 將自表其法而示其不識乎인져 歿殆
四百年에 法流四表而不忘乎正하야 考聖賢者가
更三十世에 求其道而益敬하니 非至乎大聖人之
所至면 天且厭之가 久矣리니 烏能若此也리오 予
固豈盡其道아 幸蚊虻이 飮海에 亦預其味일새 敢
稽首布之하야 以遺後學者也로다

보이신 것이리라.

돌아 가신지 사 백년 가까이 그 법의 흐름이 사방에 널리 흘러 바름을 잊지 아니하였거니와 성현을 찾는 자 삼십 세에 이르지만 그 도를 구하여 더욱 공경했으니 큰 성인이 설하신 바에 이르지 못했다면 하늘이 싫어한지 오래였을 것이니 어찌 능히 이와 같겠는가(우주의 대 진리에 어긋났다면 이렇게 오랫동안 정법으로 존속되겠는가) 또 내가 어찌 진실로 그 도를 다할 수 있겠는가 다행이 모기와 등에가 바닷물을 마시지만 그 맛이 한 가지인 것처럼 감히 머리를 조아려 선포하여 후학에게 남겨주노라.

按明教大師鐔津文集壇經贊題下註云稱經
者自後人尊其法而非六祖之意也今從其舊
不敢改易云云

　명교대사의 심진문집단경찬 이라는제목의 註에 경이라 한 것은 뒷사람이 그 법을 존경하여 말한 것이지 육조의 뜻이 아니므로 지금 그대로 따랐을 뿐 감히 고치지 못한다라고 운운하였다.

단경의 요약
壇經 의 要約

중국 唐代 초기에 在世하였던 중국 禪宗 제6대 慧能祖師 (638~713)의 語錄인데 그의 高弟 法海스님이 集錄한 것.

문자학식이 없는 혜능선사가 五祖 弘忍祖師의 啓發에 힘입어 到達한 自覺体證의 如來心地 경계를 露呈 한것.

1. 行由品

大梵寺 강당에서 一千 道俗을 위하여 설한 것으로 최초의 설법임.

悟道 得法 경위. 衣法을 받고 시기하는 무리를 피하여 15년간 사냥꾼 속에 지내다가 법성사 印宗法師의 눈을 열어 준 계기로 祝髮受戒하고 曹溪로 나와 설법하는 과정을 설명한다.

2. 般若品

마하반야바라밀을 설한다. 반야 보리의 성품은 만인이 本來부터 스스로 具足함을 말하고 淸淨한 本性을 쓰면 즉시 成佛임을 설함.

3. 疑問品

위거자사의 請으로 시작한 설법에서 福 짓는 일이 功德이 될 수 없고 공덕은 法身에 있는 것임을 설파한다. 西方淨土를 설명하면서 10惡 8邪를 除하면 즉시 이곳이 極樂이라 하고 自性이 彌陀이며 淸淨心이 淨土임을 설한다.

色身중에 극락국이 現前하고 覺性如來가 大光明을 놓고 있음을 보여준다. 在家修行의 要를 설하고 自性에 着眼할 것을 권함.

4. 定慧品

定은 慧의 体요 慧는 定의 用임을 말하고 恒常一直心을 행하면 즉시 一行三昧임을 밝힌다. 正法엔 頓漸이 없고 無念(허공)으로 宗을 삼고 無相(바람)으로 体를 삼고 無住(구름)로 本을 삼는다.

5. 坐禪品

自性이 元來로 淸淨하니 一切善惡境界에 생각이 나지 않고 自性이 不動한 것을 보는 것이 坐禪이라 말하고 마음에 執着하거나 淸淨에 집착하는 등 마음을 일으켜 청정에 着하는 것을 경계한다. 一切時에 남의 是非善惡을 보지 않는 것이 참된 自性不動이다.

6. 懺悔品

五分香과 懺悔를 가르친다. 시방사중상대설법(十方四衆相對說法).

생각생각 스스로 마음을 청정히 하며 自己法身을 보아야 할 것을 전제한 다음 自性五分法身香과 무상참회를 설하다. 自性五分法身香에서는 철두철미 自性淸淨不動을 설함. 무상참회에서는 一念中三世三業의 참회를 가르친다. 自心衆生을 제도할 것으로부터 自性佛道를 이루는 四弘誓願을 발한 다음 無相三歸依戒를 준다.

7. 機緣品

一身中에서 三身佛을 보게하여 自性佛을 통쾌히 들어낸다.
無盡藏尼, 法海, 法達, 懷讓, 行思 등 11인의 제자가 참배 청법하고 悟道한 機緣을 기록.

8. 頓漸品

南頓北漸의 異同관계를 밝히다. 神秀대사의 北宗은 漸修를, 혜능조사의 南宗은 頓悟를 각각 표방하여 兩宗의 관계가 심각, 북쪽 신수대사의 부촉을 받고 남종법석에 잠입한 志誠의 悟道, 남종조사를 해치려고 침입한 行昌의 회개, 북종회하에 있다가 神會의 悟道 경위를 들어 그 관계와 종지의 차이점이 露呈된다. 남종포교의 특징이 명료해진다.

9. 宣詔品

唐朝廷을 교화하다. 則天武后와 中宗이 입궐 설법을 청하나 이를 사양한다. 칙사 설간에게 心要를 설한다. 여기서 혜능조사는 坐禪習定이라는 禪定解脫을 거부한다. 그리고 明暗과 煩惱菩提가 둘이 아니니 明과 無明에서 성품을 보고 성품은 둘이 아니니 둘이 없는 性品 實性이다. 일체 善惡을 도무지 생각하지 않으면 자연히 淸淨心体에 들어 언제나 맑고 고요하여 無限妙用이 나온다고 가르침. 설간이 大悟를 보여줌.

10. 付囑品

법문을 對로 설명하다. 조사 말년에 法海 등 10인의 문인을 불러 설법하는 방법을 가르친다. 음(五陰), 입(十二入), 계(18界)의 三과법문과 外境 5대, 法相 12대, 自性起用 19대의 36대법을 설하고 출입에 양변을 여의고 결코 자성을 여의지 말라고 가르침. 執相執空을 거듭거듭 경계케 한다.

```
自性의 開顯
本然질서의 발현
生命眞性의 실현
生佛一体
道俗不二
法佛一如
煩惱業報身을
光明智慧身 전환
```

無情五對 : 天地. 日. 月. 明暗. 陰陽. 水火.

法相語言 12대 : 語法. 有無. 有色無色. 有相無相. 有漏無漏. 色空. 動靜. 淸濁. 凡聖. 僧俗. 老少. 大小.

自性起用 19대 : 長短. 邪正. 癡慧. 愚智. 亂定. 慈毒. 悲害. 戒非. 直曲. 實虛. 險平. 煩惱菩提. 常無常. 喜嗔. 捨慳. 進退. 生滅. 法身色身. 化身報身.

不用求眞 唯須息見
二見不住愼勿追尋　　二由一有一亦莫守
一心不生 萬法無咎　　無咎無法 不生不心　　莫逐有緣勿住空忍
一念不生常居中道　　智者無爲愚人自縛　　言語道斷非去來今

조사는 入滅때가 가까워지자 문인들에게 한달 후 입멸 예고, 슬 피우는 이들을 꾸짖고 法性은 本來 生滅去來가 없다. 眞如妙用의 대경을 게송으로 설하다.

법의(法衣)는 전하지 않고 그 동안의 說法초록인 法寶壇經을 전수케 하고 修行의 요제로서 一相三昧와 一行三昧를 설하다.

開元 원년 曹溪 寶林에서 新洲 國恩寺로 옮기고 8월 3일이 된다. 만약 중생을 알면 즉시 불성이다. 중생을 모르면 불(佛)은 못 만난다. 自心衆生을 알아 自心佛性을 보라.

> 一行三昧. 일체법에 집착없는 실천
> 一相三昧. 일상일체시를 眞心으로 확충

五欲을 여읨을 보면 찰나에 見性成佛한다. 頓敎門. 自性眞佛偈
스스로의 本心을 알고 본성을 보라. 識自本心 自見本性

끝으로 부록은 탑을 수호하는 사문 영도가 기록한 것으로 되어 있는 것과 그 후에 부가한 것도 있다. 조사입멸 후 진신을 탑에 모신 후 신라스님 金大悲가 조사의 頂上을 훔치려고 한 경위와 그 이후에 각 왕조에서 공양하고 시호를 거듭하여 大鑑, 眞空, 普覺, 圓明 선사라 한 내력은 기록한다.

> 긍정과 動의 眞理

찾아보기 (색인)

【ㄱ】

겁(劫) - 지극히 긴 시간. 우주론적 시간. 세계가 성립되고 존속하고, 파괴되고, 空無가 되는 하나하나의 시기를 말함.

겁화(劫火) - 겁소(劫燒). 불로 인해 세계가 파멸되는 괴겁(壞劫) 때의 큰 화재를 말함.

경계(境界) - 경지. 대상. 여러 감각기관에 의한 지각의 대상

공덕(功德) - 훌륭한 덕성. 선한 성질. 선을 쌓고, 또 수행의 결과 얻을 수 있는 은혜.

공봉(供奉) - 재주와 기예가 있는 사람에게 주는 벼슬. 장인칭호.

교수사(敎授師) - 계(戒)를 받는 자에게 위의작법(威儀作法)등을 교수하는 승려.

게송(偈頌) - 시(詩)·게(偈)와 송(頌) 모두 불교의 가르침을 싯구로 나타낸 것.

근기(根機) - 근(根)은 타고난 성품. 기(機)는 후천적으로 형성된 성품. 교법을 듣고 닦아 증(證)하여 얻는 능력.

금강(金剛) - 금석(金石)중에서 가장 견고한 것. 부서지지 않고 무너지지 않는다는 표현.

기연(機緣) - 수행자가 부처님 또는 스승의 가르침에 접하여 얻은 인연을 말함.

【ㄷ】

단상(斷常) - 실재하다고 해석하는 것과 실재하지 않는다고 해석하는 것.

담연(湛然) - 깊은 물이 고요한 모습을 가리키는 말.

대사(代謝) - 사(謝)는 물러간다는 뜻. 대(代)는 번갈아 온다는 뜻. 봄·여름·가을·겨울이 번갈아 오고 가는 것을 대사(代謝)라 한다.

대승(大乘) - 커다란 탈 것의 뜻. 자신의 이익보다 많은 중생을 구제하기 위한 이타행(利他行)을 실천하고, 그것에 의해 부처가 되는 것을 주장.

대장부(大丈夫) - 위대한 사람을 말함.

대통선사(大通禪師) - 신수(神秀)의 시호.

도피안(到彼岸) - 피안에 이르다는 의미. 완성하는 것. 바라밀과 동일.

돈교(頓敎) - 돈(頓)은 直頓(조속,신속)의 뜻. 일정한 단계를 밟지 않고 직접

적, 비약적으로 높은 종교적 입장을 설하는 가르침의 뜻. 석존이 깨달은 직후의 경지를 돈(頓)이라 한 가르침.

【ㅁ】

마하(摩訶) - 거대한, 광활한의 뜻. 대(大)·다(多)·승(勝)의 3가지 뜻.
마하반야바라밀(摩訶般若波羅蜜) - 대혜 도피안(大慧 到彼岸)·지혜 도피안(智慧 到彼岸)이라 한역함.
무념(無念) - 망념(妄念)이 없는 것. 남종선(南宗禪)에서 강조. 무념(無念)을 세워 종(宗)으로 삼고 무상(無相)을 체(體)로 한다.
무사(無師) - 스승이 없는 것. 스스로 깨달음을 얻은 것.
무상보리(無上菩提) - 위없는 최고의 깨달음.
무여(無餘) - 남김없다는 뜻. 즉 '온전한, 궁극의'라는 뜻.
무상(無相) - 얽매임을 벗어난 경계.
무정(無情) - 정신작용이 없는 것. 부동지처(不動之處).
무주(無住) - 집착이 없는 것.
무진등(無盡燈) - 불멸(不滅)의 등화. 부처님의 법문을 가리킴. 하나의 등화로 많은 등화를 태울 수 있음.

【ㅂ】

반야(般若) - 혜(慧)·명(明)·지혜(智慧)라 번역. 법의 실다운 이치에 계합한 최상의 지혜, 또 이는 법의 여실한 이치에 계합한 평등·절대·무념·무분별일 뿐만아니라, 반드시 상대차별을 관조하여 중생을 교화하는 힘을 가지고 있음.
반연(攀緣) - 반(攀)은 기어오른다의 뜻. 대상에 의탁하여 마음이 일어나는 것. 외부 대상과의 얽히고 얽히는 인연소기(因緣所起).
방등경(方等經) - 화엄·반야·법화·열반등 대승경전(大乘經典)의 총칭.
방장실(方丈室) - 큰 스님이 거처하는 방.
법계(法界) - 본래 법계의 법(法)은 「인간의 행위를 보존하는 것」이 원래의 뜻. 법은 제법(諸法), 계는 분계(分界)의 의미로, 제법은 각자체(各自體)이고 분계부동(分界不同)한 것을 말함.
법난(法難) - 불교의 교단이 다른 곳으로 부터 받는 모든 종류의 박해.

변상(變相) - 경전의 문구에 따라 나타낸 그림. 진상(眞相)을 변하여 그림으로 그렸기 때문에 변상이라 함.

보리(菩提) - 지(智)·도(道)·각(覺)이라 한역함. 부처님의 정각(正覺)의 지(智). 깨달음. 지혜의 작용에 의해 무명(無明)이 없어진 상태.

보리반야(菩提般若) - 깨달은 지혜를 혜능은 본래자성, 즉 깨끗한 마음으로 보고 그것은 성범(聖凡)의 차별이 없다고 했다.

보살(菩薩) - 붓다가 되어야 할 도심(道心)을 일으켜서 수행하는 구도자. 향상적으로는 자리(自利)의 행(行)으로써 깨달음(菩提·道)를 체득하고 향하적(向下的)으로는 이타(利他)의 행(行)으로써 중생을 이익되게 하는 자.

복전(福田) - 복덕을 생산하는 밭, 행복을 키우는 밭의 뜻. 佛·法·僧 삼보(三寶)를 존중하고 공양하는 것이 행복을 낳는다는 뜻으로 밭에 비유.

부촉(付囑) - 부처님은 설법한 뒤에 청중 가운데서 어떤 이를 가려내어 그 법의 유통(流通)을 촉탁하는 것이 상례. 이를 부촉이라 함.

불이법(不二法) - 차별·상대를 초월한 절대평등의 진리.

불생불멸(不生不滅) - 생기는 일도 멸하는 일도 없는 것. 깨달음의 경지를 형용하여 말함.

불심인(佛心印) - 부처님의 깨달음을 도장(印)에 비유한 말. 대오철저(大悟徹底)한 부처님이나 조사(祖師)의 마음 그 자체를 말함.

불종(佛種) - 부처가 되기 위한 종자. 부처님의 본질, 즉 불성을 의미함.

불지(佛地) - 불과(佛果)·불위(佛位)·불경계(佛境界). 부처님의 위(位).

【ㅅ】

사미(沙彌) - 한 사람의 비구가 되기 이전의 도제승(徒弟僧). 십계(十戒)를 받은 7세 이상, 20세 미만의 출가한 남자.

사상(四相) - ①아상(我相). 오온(五蘊)이 화합하여 생긴 몸과 마음에 실재의 아(我)가 있다고 하고, 또 아(我)의 소유라고 집착하는 견해. ②인상(人相). 아(我)는 인간이어서 축생취(畜生趣)와 다르다고 집착하는 소견. ③중생상(衆生相). 아(我)는 오온법으로 말미암아 생긴 것이라고 집착하는 소견. ④수자상(壽者相). 아(我)는 일정한 기간의 목숨이 있다고 집착하는 소견.

사중금계(四重禁戒) - 사바라이죄(四波羅夷罪). 살생계(殺生界)·偷盜戒(투도계)·邪婬戒(사음계)·妄語戒(망어계)의 네가지. 이것을 범하면 교단 추방의 벌이 주어졌다.

사지(四智) - 부처님의 지혜로, 대원경지(大圓鏡智)·평등성지(平等性智)·묘관찰지(妙觀察智)·성소작지(成所作智)를 말함.

삼과(三科) - 일체 제법을 3종으로 나눈 분류. 5온(또는 5음)·12처(12입)·18계의 칭.

삼귀의(三歸依) - 부처님과 법과 승려의 삼보에 귀의(信心의 정성을 바치는 것)하는 것.

삼대(三大) - 마음의 본체(體)와 모습(相)과 작용(用)은 본래가 광대무변하므로, 체대(體大)·상대(相大)·용대(用大)라 함.

삼독(三毒) - 선근(善根)을 해치는 3가지 독. 탐(貪)·진(瞋)·치(癡). 삼독(三毒)이 모두 3계의 온갖 번뇌를 포섭하고, 온갖 번뇌가 중생을 해치는 것이 마치 독사나 독용(毒龍)과 같다. 그것을 없애기 위해선 세가지 배움으로 대처해야 하는데, 탐내는 마음은 올바른 생활의 규범(戒)으로써, 성내는 마음은 고요함으로써(定), 어리석음은 지혜(慧)로써 없애야 한다.

삼매(三昧) - 정(定)·정수(定受)·등지(等持) 등이라 한역함. 마음이 조용히 통일되어 어떤 것에 마음을 집중시킴으로써 마음이 안정된 상태에 들어가는 것.

삼세(三世) - 과거(過去)·현재(現在)·미래(未來). 불교에서는 시간을 실체로 보지 않고 실재하는 것이라 보지 않으며, 변화하는 존재의 변천과정 위에 임시로 3가지 구별을 세우는 것에 불과하다.

삼승(三乘) - 3가지 탈것. 승(乘)이란 사람을 태워 깨달음에 이르게 하는 수단으로서의 가르침을 말함. 성문승(聲聞乘)·연각승(緣覺乘)·보살승(菩薩乘)이라는 3가지 실천 방법.

삼신(三身) - 부처님의 3가지 신체. 법신(法身)·보신(報身)·응신(應身). ①법신(法身)은 형태를 초월한 진여의 깨달음 그 자체. ②보신(報身)은 보살이 원(願)과 행(行)으로 보답받아 얻는 불신(佛身) ③응신(應身)은 중생을 이끌기 위해 상대에 맞게 나타나는 부처님의 신체.

삼악도(三惡道) - 삼악취(三惡趣). 악업(惡業)에 의해 생겨나는 지옥·아귀·축생의 3가지 세계를 말함. ①지옥(황천) ②아귀(祖靈) ③축생(동물).

삼업(三業) - 신(身)·구(口)·의(意)의 작용. 즉, 어떤 것을 하려고 의지하는 것이 의업(意業)이고, 그것이 신체적 행동으로 나타나는 것이 신업(身業), 언어표현으로 나타나는 것이 구업(口業) 임.

삼잡(三匝) – 3회를 (오른쪽 어깨를 향하여) 도는 것.

삼학(三學) – 불도를 수행하는 자가 반드시 닦아야 하는 가장 기본적인 수행 부류. ①계(戒)는, 악(惡)을 멈추고 선(善)을 닦는 것. ②정(定)은, 심신을 정결히 하여 정신을 통일하고, 잡념을 몰아내어 생각이 뒤엉키지 않게 하는 것. ③혜(慧)는, 그 정결해진 마음으로 바르고 진실한 모습을 판별하는 것. 이 부즉불이(不卽不離)한 삼학의 겸수(兼修)가 불도수행을 완성시킴.

상승(上乘) – 지고한 타(乘)는 물체. 대승(大乘). 상연(上衍).

선(禪) – 정(定)·정려(靜慮)·사유수(思惟修) 등 한역함. 마음을 하나의 목적물에 집중시켜, 마음이 흐트러지거나 혼란해지거나 하는 것을 막고, 지혜를 몸에 배게해서 진실의 이치에 맞는 수행법.

선덕(禪德) – 훌륭한 선(禪)의 수행자. 선승(禪僧)의 경칭.

선지식(善知識) – 좋은 친구. 자신을 잘 알아주는 사람. 마음의 벗. 선우(善友)를 말함. 높은 덕행을 갖춘 사람.

서원(誓願) – 마음 속으로 염원하는 것. 원함을 일으켜서 성취하려고 불·보살님께 맹세하는 것.

성문(聲聞) – 부처님의 가르침 소리를 듣고 수행하는 사람으로 이타행(利他行)이 결여.

세행(細行) – 출가사문으로서 지켜야 할 많은 절대 덕목과 행실을 가리킴.

숙세(宿世) – 전세(前世). 과거시대의 의미. 동양인의 인생관, 세계관에 가장 깊게 침투한 불교 관념의 하나.

승가리(僧伽梨) – 대의(大衣)·중의(重衣)라 함. 비구의 삼의(三衣) 중에서 가장 큰 것.

심지(心地) – 사람들에게 본래 갖추어져 있는 진심을 대지(大地)에 비유하여 말함. 심(心)은 모든 것의 근본으로, 일체의 모든 사상(事象)을 만들어 낸다는 점에서 마음을 심지(心地)라고 함.

십선(十善) – 10가지의 선한 행위. 십악(十惡)의 반대. 죽이지 않는다, 훔치지 않는다, 사음하지 않는다, 망어하지 않는다, 욕하지 않는다, 기어(綺語)하지 않는다, 양설(兩舌)하지 않는다, 탐욕하지 않는다, 화내지 않는다, 사견을 품지 않는다.

십악(十惡) - 몸과 말과 뜻으로 범하는 열가지의 나쁜 일. 산 목숨을 죽이고(殺生), 도적질 하고(偸盜), 부부관계 이외의 나쁜 이성교제를 하며(邪婬), 망령된 말(妄語), 속이는 말(綺語), 욕지거리(惡口), 이간질 시키는 말(兩舌), 남의 것을 탐내고(貪慾), 욕지거리(惡口), 이간질 시키는 말(綺語), 남의 것을 탐내고(貪慾), 성내고 시기하며(瞋恚), 그릇된 견해를 내세우는 것(邪見)을 말한다.

십이부경(十二部經) - 부처님의 가르침을 12가지로 분류한 것. ①경(經):산문체의 경전. ②송(頌):운문(韻文)형식의 노래 ③수기(授記):예언의 말씀 ④운문(韻文) ⑤무문자설(無問自說):남의 물음에 답한 것이 아니라 스스로 말씀하신 것. ⑥연기(緣起):법을 듣는 인연을 설한 것 ⑦비유(譬喩) ⑧본사(本事):과거의 인연을 설한 것 ⑨본생(本生):부처님 자신의 전생 보살행에 관한 설명 ⑩방등(方等):방대한 진리를 말한다의 뜻. 반야부 계통의 경전 ⑪미증유법(未曾有法):불가사의한 경전의 흥기인연을 설한 것. ⑫논의(論議):가르침의 뜻을 묻고 대답하는 것.

십이처(十二處) - 눈·귀 등 6개의 기관과 그 대상. ①눈과 색·형 ②귀와 음성 ③코와 향기 ④혀와 맛 ⑤피부와 닿는 것 ⑥마음과 생각되어지는 것의 대립관계임.

【ㅇ】

아뢰야식(阿賴耶識) - 장식(藏識). 유식설에서 말하는 가장 근본적인 식의 작용. 감춰진 잠재의식.

아만(我慢) - 자기 중심에 아(我)가 있다고 생각하고, 그 아(我)를 의지처로 마음이 교만한 것. 사근본(四根本)번뇌 (貪·瞋·癡·慢)의 하나.

아미타불(阿彌陀佛) - 무량수불(無量壽佛). 무량한, 영원하신 부처님이란 뜻. 대승불교의 중요한 부처님.

악도(惡道) - 나쁜 일을 이룸에 의해 생긴 장소. 악취(惡趣), 육도(六道) 중 지옥도·아귀도·축생도를 3악도라고 함.

여래선(如來禪) - 능가경(楞伽經)에 나오는 말. 부처님의 가르침대로 닦아서 깨닫는다는 의미인데, 후에는 마음을 깨닫는 조사선(祖師禪)의 대칭으로 쓰임.

여여(如如) - 그렇게 있는 것의 뜻. 있는 그대로의 것. 진여(眞如)

연각(緣覺) - 부처님의 교화에 의하지 않고 독자적으로 깨달음을 연 사람. 이타행(利他行) 결여.

열반(涅槃) - 번뇌의 불을 불어 끈 상태. 열반은 형태나 개념이 아니라 상(常)·락(樂)·아(我)·정(淨)의 경지요, 생사업의 소멸이다.

염부제(閻浮提) - 본래는 수미산의 남방에 있는 대륙으로 인도를 가리켰던 것이지만 후에 우리들이 살고 있는 세계를 지칭. 사바세계.

영가집(永嘉集) - 현각(玄覺)지음. 정(定)에 들 적에 주의할 것과 수행하는 과정을 적은 서적.

예참(禮懺) - 삼보(三寶)를 예배하고, 죄과를 참회하는 것.

오분법신(五分法身) - 계(戒)·정(定)·혜(慧)·해탈(解脫)·해탈지견(解脫知見)이라는 5가지 법(덕성)을 신체로 삼는자.

오식(五識) - 안(眼)·이(耳)·비(鼻)·설(舌)·신(身) 5개의 감각기관에 의해 생겨나 색(色)·성(聲)·향(香)·미(味)·촉(觸)이라는 5개의 대상에 상응하는 감각작용.

오역죄(五逆罪) - ①어머니를 살해하는 것. ②아버지를 살해하는것. ③성자(阿羅漢)을 살해하는 것. ④부처님의 신체를 상처입혀 출혈 시키는 것. ⑤교단의 화합일치를 파괴하고 분열시키는 것.
이것은 무간지옥(無間地獄)에 떨어지는 죄라 하여 오무간업(五無間業)이라 함.

오온(五蘊) - 온(蘊)은 적집(積集)의 뜻. 다섯가지의 쌓임. 인간을 구성하고 있는 다섯가지 요소로서 색(色)은 물질일반, 수(受)는 감수작용, 상(想)은 표상작용(表象作用), 행(行)은 잠재적인 무의식력, 식(識)은 식별작용을 가리킨다.

위음왕불(威音王佛) - 아득한 과거에 출현했던 부처님.

위의(威儀) - 규율에 맞는 바른 행동거지. 행주좌와(行住坐臥)에 있어서 마음을 바르게 행하는 것.

유정(有情) - 생명을 가지고 존재하는 것의 총칭. 衆生

유희삼매(游戱三昧) - 부처님의 경지에 들어 아무것도 구애받지 않는 것. 자유자재하며 유유자적하며 제 멋대로인 것. 삼매는 이 경우 순수하다고 하는 정도의 뜻.

육변채(肉邊菜) - 고기곁의 나물밥이란 뜻으로 아함경·화엄경 등에도 비슷

한 설화가 있다.
육식(六識) - 안(眼)·이(耳)·비(鼻)·설(舌)·신(身)·의(意)의 육근(六根)의 인식작용.
육진(六塵) - 육경(六境). 색(色)·성(聲)·향(香)·미(味)·촉(觸) : 접촉할 수 있는 것. 法(思考의 대상). 사람 몸에 들어 본래의 맑은 마음을 더럽히기 때문에 진(塵)이라 함.
응무소주 이생기심(應無所住 而生其心) - 금강경 사구게(四句偈).
이변삼제(二邊三際) - 이변(二邊)은 유(有)·무(無), 삼제(三際)는 과거·현재·미래를 말하는 것.
이족존(二足尊) - 양족존(兩足尊). 즉, 두 가지(복덕과 지혜)를 만족하고 있는 어른. 두 발을 가진 생류(生類-인간·신)가운데 가장 존귀한 것의 뜻. 부처님을 말함.
이욕존(離欲尊) - 자기자신을 떠난 존귀함. 삼보(三寶)중 法을 말함.
인연(因緣) - 인(因)은 결과를 부르는 직접적인 원인. 연(緣)은 인(因)을 도와 결과를 낳는 간접적인 원인, 원인과 조건.
일불승(一佛乘) - 일승(一乘). 단 하나의 부처가 되는 실천법. 불교의 진실한 가르침은 유일하고, 그 가르침에 의해 모든 사람이 동일하게 부처가 된다고 설하는 가르침이다.
일상삼매(一相三昧) - 일행삼매(一行三昧)라고도 함. 진여(眞如)의 상은 무차별이며 단지 하나의 본성(本性)이라고 관조(觀照)하는 삼매.
일승(一乘) - 하나의 타는 물건. 일불승(一佛乘). 일(一)은 유일무이(唯一無二), 승(乘)은 탈것으로, 중생을 실어 깨달음으로 향하게 하는 교리를 비유한 말.
일천제(一闡提) - 단선근(斷善根)·신불구족(信不具足)이라 한역. 불교의 올바른 법을 믿지 않고, 깨달음을 구하는 마음이 없고 성불의 소질, 인연이 결여된 자.
일행삼매(一行三昧) - 일상삼매(一相三昧). 진여삼매(眞如三昧). 마음을 하나의 행에 고정시켜 닦는 삼매. 육조혜능(六祖慧能)에 의하면, 일체시에 있어서 행주좌와(行住座臥)가 항상 진실하고 직심(直心)인 것.
입정(入定) - 선정(禪定)에 들어가는 것. 마음을 한 곳에 정하고 몸·입·뜻의 삼업(三業)을 갈무리는 것.

【ㅈ】

적멸위락(寂滅爲樂) – 적멸(寂滅)이란 미혹의 세계를 벗어난 경지로, 열반을 말하는데, 그 경지가 즐거운 것을 뜻함.

적선여경(積善餘慶) – 주역(周易)에 "착한 일을 쌓은 집은 뒷날 반드시 경사가 있고, 착하지 않은 일을 쌓은 집은 뒷날 반드시 재앙이 있다"를 인용한 것임.

점교(漸敎) – 단계적으로 고차원의 종교적 입장에 교도(敎導)함을 말함. 장기간의 수행에 의해 점점 깨달음을 얻는 교법.

정(定) – 정신통일. 마음을 들뜨지 않게 하고 한점에 집중하는 것.

정례(頂禮) – 오체투지(五體投地). 존자(尊者) 앞에 엎드려 머리를 땅에 붙이고, 발밑을 우러러 본다. 오체(五體)를 투지(投地)해서 절하는 것은 나를 낮추는 것이며 자기자신에의 집착을 버리는 예법이다.

정명경(淨名經) – 유마경의 다른 이름.

정법안장(正法眼藏) – 청정법안(淸淨法眼). 깨달음의 진실을 말함. 석존이 깨달은 정법(正法)을 증득(證得)하면 눈(眼)과 같이 모든 것을 조파(照破)하여 미혹이 없게 되고, 일체를 거두어 남기는 일이 없으므로 장(藏)이라 함.

정토(淨土) – 서방(西方)에 있는 극락국토. 안양(安養). 안락국(安樂國). 약방(樂邦)등.

제도(濟度) – 미혹한 중생을 인도하여 깨달음의 경지로 구하여 내는 것.

제일의(第一義) – 뛰어난 도리. 궁극의 진리. 진제(眞諦), 진리의 세계.

종지(宗旨) – 선종에서는 불법(佛法)의 근본. 근본사상. 수행의 근거.

종취(宗趣) – 취(趣)는 취지·의도의 의미. 근본적 입장.

중도(中道) – 2개의 것이 대립을 하지 않는 것. 단(斷)·상(常)의 이견(二見), 또는 유(有)·무(無)의 이변(二邊)을 떠난 치우치지 않는 중정(中正)의 도를 말함.

중중존(衆中尊) – 많은 대중 속에서 가장 존경 받는 것. 승(僧)을 말함.

증도가(證道歌) – 현각(玄覺)지음. 선종의 깨달은 내용을 칠언(七言)의 운문(韻文)으로 읊은 것.

지견(知見) – 지혜(智慧)에 의해서 보는 것.

지관(止觀) – 지(止)는 마음의 동요를 멈추고 본원(本源)의 진리에 머무르는 것. 관(觀)은 부동(不動)의 마음이 지혜에 움직여, 사물을 진리에 입각하여 바르게 관찰하는 것. 지는 선정, 관은 지혜이다.

지해종도(知解宗徒) - 세간 일반의 지식에 기초해서 불교를 이해하려는 사람들.

진가동정게(眞假動靜偈) - 참됨과 거짓. 움직임과 고요함의 노래.

진여(眞如) - 우주 만유에 보편(普遍)한 상주 불변하는 본체. 오직 성품을 증득한 사람이 알 수 있는 것이며, 거짓이 아닌 진실이란 뜻과 변천하지 않는 여상(如常) 하다는 뜻으로 진여라 함. 마음의 있는 그대로의 진실. 모든 존재의 참된 모습.

【ㅊ】

칠불(七佛) - 과거의 칠불. 석존이전에 나타난 6불. 비바시불, 시기불, 비사부불, 구류손불, 구나함모니불, 가섭불에 석가모니불을 더해 칠불(七佛)이라고 함.

칠불통계게(七佛通戒偈) - 과거 칠불이 공통으로 수지했다고 일컬어지는 석존의 훈계의 게(偈). 가섭불(迦葉佛)의 게(偈)가 가장 보통임.
제악막작(諸惡莫作) : 모든 악을 저지르지 말고, 제선봉행(諸(衆)善奉行) : 모든 선을 받들어 행하여, 자정기의(自淨其意) : 스스로 그 마음을 깨끗이 하라. 시제불교(是諸佛教) : 이것이 모든 부처님의 가르침이다.

최상승(最上乘) - 더할 나위 없는 뛰어난 교법. 최상의 가르침.

칠식(七識) - 유식설(唯識說)에서 말하는 제 7식인 말나식(末那識). 이것은 모든 자아의 관념. 번뇌의 오염의 근거라고 일컬어짐.

【ㅌ】

타심통(他心通) - 타인의 마음 상태를 아는 것. 지타심통(知他心通). 타심지통(他心智通)

【ㅍ】

팔사(八邪) - 여덟가지의 그릇된 견해. 사물의 현상과 본체를 알지 못해서 저지르는 못된 소견으로서 세상이 영원하다고 생각하며(生), 헛된 것이라고만 생각하고(滅), 가는 것이라고 보며(去), 오는 것이라고 보고(來), 하나라고만 고집하고(一), 다른 것이라고 보며(異), 끊긴 것(斷), 늘 있는 것(常)으로 보는 고집. 8정도(八正道)의 반대.

팔전도(八顚倒) - 자기의 그릇된 집착으로 올바른 이치를 뒤바꿔 생각하는 오류. 덧없는 세간은 늘 있고(常), 즐겁고(樂), 나라고 할 만한 주체가 있고(我), 깨끗하다고 생각하는 것(淨)과, 적정(寂靜)한 절대 진리의 세계를 허무하다고 보며(無常), 즐겁지 않다고 보며(無樂), 주체가 없다고 보며(無我), 깨끗치 않다고 보는(無淨), 그릇된 견해이다.

【ㅎ】

함장식(含藏識) - 제8 아라야식을 말함. 모든 것이 생기(生起)하기 위한 종자(種子)를 함장(含藏)하고 있기 때문임.

항하사(恒河沙) - 갠지스강에 있는 모래와 같이 공덕이 많다는 뜻.

허공(虛空) - 공간이란 뜻. 허(虛)·공(空) 모두 무(無)의 별칭임. 속이 텅비어서 형질이 없고, 공(空)이고, 그 존재가 다른 것에 장애가 되지 않는 까닭에 허공이라 이름한다.

혈맥도(血脈圖) - 사자상승(師資相承). 스승으로 부터 제자에게로 주고받아서, 정법(正法)을 상속하는 계도(系圖).

해탈(解脫) - 벗어나는 것. 풀려나다. 해방되다. 고통에서 벗어나 속박으로부터 해방되는 것.

행사선사(行思禪師) - 남악회양과 함께 혜능의 돈오선법(頓悟禪法)을 계승한 양신족(兩神足) 중의 한분.

행자(行者) - 불도를 수행하는 사람.

훈습(薰習) - 향기가 나는 것. 인상을 남기는 것. 습관적으로 자주 어떤 것에 작용시킬 때, 그것이 점점 그 영향을 받는 작용.

화상(和尙) - 원래 바라문교에서 친절하게 가르쳐 주는 스승을 이름. 제자를 둘 자격이 있는 자.

화정(花情) - 번뇌를 꽃에 비유해 꽃이 떨어지면 열매를 맺는다고 표현.

화택(火宅) - 번뇌와 괴로움으로 가득한 이 세상을 불에 타고 있는 집에 비유한 말. 삼계무안유여화택(三界無安猶如火宅) : 법화경

황매(黃梅) - 5조 홍인(弘忍)의 별호.

경전·조사어록 시리즈 ④

六육祖조壇단經경

초판발행	1999년 10월 11일
삼판 5쇄	2015년 12월 5일
편 저	한국불교대학 교재편찬회
감 수	無— 우학스님
편집담당	김현미 모상미 김규미
펴 낸 곳	도서출판 좋은인연 (한국불교대학 부속출판사)
등 록	1994년 1월 20일 제4-88호
주 소	대구광역시 남구봉덕3동 1301-20
전화팩스	053-475-3707 / 053-475-3706
홈페이지	한국불교대학 www.TVbuddha.co.kr
I S B N	978-89-86829-46-4(03220)
가 격	10,000원

• 잘못 만들어진 책은 교환해 드립니다.
• 서면에 의한 저자와 출판사의 허락없이 내용의 일부를 인용 발췌 및 복제하는 것을 금합니다.
• 법보시 주문 받습니다.